So machte Gott die Welt

Schöpfungsmythen der Völker

Nacherzählt und gedeutet von
Adel Theodor Khoury und Georg Girschek

Herderbücherei

Originalausgabe
erstmals veröffentlicht als Herder-Taschenbuch
Umschlag-Graphik: Paul Corazolla

Herder Freiburg · Basel · Wien
Herstellung: Freiburger Graphische Betriebe 1985
ISBN 3-451-08223-3

Herderbücherei

Band 1223

Über das Buch

Die Pygmäen in Afrika erzählen sich: Eines Tages bestieg der Schöpfergott einen Kahn, gefüllt mit Nüssen, und ließ sich vom Krokodil auf das hohe Meer hinausziehen. Dort nahm er eine Nuß nach der anderen, bewegte sie in seinen Händen, hauchte sie an und sprach: Du sollst ein Mann sein. Du sollst eine Frau sein. Dann warf er sie ins Meer, und die Nüsse trieben an Land. Als der Schöpfergott wieder ans Ufer stieg, warteten dort auf ihn alle Menschen. Solche Schöpfungsmythen werden in allen Völkern von Generation zu Generation überliefert. Sie erklären die Welt und sind Wegweisungen für das Verhalten der Menschen. „So haben es die Götter getan, so tun es die Menschen“, heißt es in Indien. Ein unvorstellbarer Reichtum an Lebensweisheit entfaltet sich in diesen uralten Geschichten, die Adel Theodor Khoury und Georg Girschek in dieser Sammlung nacherzählen und für den modernen Leser deuten.

Über die Autoren

Prof. Dr. Adel Th. Khoury, geboren 1930 im Libanon. Er ist Leiter des Seminars für Allgemeine Religionswissenschaften der Katholisch-Theologischen Fakultät der Universität Münster.

Georg Girschek, Dipl.-Theol., geboren 1955. Wissenschaftlicher Mitarbeiter am Seminar für Allgemeine Religionswissenschaften der Katholisch-Theologischen Fakultät der Universität Münster.

Inhalt

Was ist ein Mythos?

Nicht so oft läuft uns in unserer Alltagssprache der Begriff *Mythos* über den Weg. Wohl lesen wir bisweilen in der Zeitung von einem verstorbenen Staatsmann oder Revolutionär, er sei ein „lebendiger Mythos" gewesen. Mit diesem Ausdruck soll dann die Geltung beschrieben sein, die der Verstorbene genossen habe: Seine Anhänger hätten ihm eine ungewöhnliche, unbeugsame Beschaffenheit des Charakters, Gradlinigkeit des Wirkens und eine besondere menschliche Ausstrahlung zugesprochen, die seine Bewunderer auf ehrfurchtsvollem Abstand gehalten habe. – Auch das menschliche Bedürfnis, auf ein einmal gewähltes Vorbild keinen Makel kommen zu lassen, kann einen so verstandenen Mythos schaffen.

Doch sprechen auch kämpferische Vertreterinnen von Frauenbewegungen mitunter von einem „Mythos Mann", den es zu zerstören gelte; Journalisten reden manchmal von unzeitgemäßen Mythen, die dieser oder jener Religionsführer heraufbeschwören wolle. – In solchen Äußerungen soll *Mythos* die Aufgabe erfüllen, Vorgänge oder Gedanken abfällig zu bewerten. Hier und da versteht man *Mythos* sogar als Gegensatz zu *Wahrheit*, als unvereinbar mit der Leistung des Verstandes.

Die Religionswissenschaft versteht *Mythos* als eine Darstellungsweise der Religion, welcher Prägung auch immer.

Der Begriff *Mythos* stammt aus dem Griechischen. Er bedeutet *Wort* – nicht das bedachte, berechnete, sinnvolle Wort, sondern das Wort, das die Wirklichkeit, das Tatsächliche ausdrückt. Wir kennen in unserem Sprachgebrauch das Wort *Logik* aus dem griechischen *Logos. Logos* meint im Gegensatz zu *Mythos* von der Sichtweise des Denkenden und Sprechenden aus das bedachte und berechnete Wort, das Sinnvolles, Folgerichtiges, Vernünftiges vorbringt und auf das Gespräch mit dem Hörer abzielt. *Mythos* aber will allein feststellen, will Aussagen über das Wirkliche machen, vor allem über das, was in den Ursprüngen geschehen ist. Er will als unmittelbares Zeugnis dessen gelten, was war, deshalb ist und sein wird.

Der Mythos ist eine Erzählung. Er beschreibt den Zustand der Vorzeit, erwähnt die Wesen, die für die Erschaffung und Gestaltung der Welt zuständig sind, schildert die Anfänge der Welt, die Entstehung der Menschen und die Einführung der Kultur. Er entspricht in seiner Form, in seinem Inhalt und in seiner Sprache den Anlagen der Menschen in der jeweiligen Glaubensgemeinschaft. Nach seiner Ausdrucksweise zählt der Mythos zu den Gattungen, die sich der Bildersprache und der Symbole bedienen, um den Sinn der Erzählung und ihre praktische Bedeutung zu verdeutlichen.

Der Mythos unterscheidet sich von der *Sage* dadurch, daß er sich nicht auf Ereignisse der Geschichte, sondern auf die Vorgänge der Vorzeit bzw. der Urzeit bezieht, die den Beginn der Geschichte überhaupt ermöglicht haben. Auch ist der Mythos nicht mit der *Legende* zu verwechseln. Die Legende konzentriert sich um eine religiöse Gestalt, die nach dem Glauben ihrer Verehrer in der Vergangenheit zu einer bestimmten Zeit und in einem bestimmten Raum gelebt hat. Im *Märchen* endlich gelten die Erzählungen als erfunden, und die Personen und Akteure entspringen einer Einbildungskraft, die nicht an die Gesetze von Ort und Zeit gebunden ist. Auch beziehen sich die Märchen nicht auf die Anfänge der Welt und der Menschen, und sie gehören nicht zum Glaubensgut eines Volkes. Sie sind vielmehr Unterhaltungsgeschichten, die gelegentlich beanspruchen, lehrreich zu sein und Unterweisungen zu beinhalten.

Was die *ätiologischen Erzählungen* (das aus dem Griechischen kommende Wort *Ätiologie* bedeutet Lehre von der Ursache) betrifft, so wollen sie die Entstehung gewisser Eigentümlichkeiten an Mensch, Tier und Pflanze erklären. Sie sagen meist nichts Wichtiges über Welt und Mensch aus.

Diese verschiedenen Formen der Erzählung haben manchmal etwas mit dem Mythos gemeinsam: Sie erzählen mitunter von Göttern und der Urzeit der Welt und der Menschen. Wenn sie als erfunden verstanden werden, gelten sie als bildhafte Erzählungen zur Unterhaltung und Belehrung über bestimmte Themen oder Zusammenhänge. Betrachtete man sie aber als wahr, so wären sie nur schwer vom eigentlichen Mythos zu unterscheiden.

Doch für *wen* bedeutet der Mythos Wahrheit? – Der gläubige Mensch lebt nach den Aussagen, Richtlinien und Verheißungen des Mythos, weil er für ihn – und nur für ihn – Wahrheit, Heilswahrheit ist, die er in seinem Leben immer wieder bestätigt sieht. Diese Wahrheit kann der Außenstehende nicht überprüfen, nicht wie ein Instrument auf Erfüllung der ihm zugesprochenen Aufgabe testen: Der Wahrheitsanspruch des Mythos ist auf der ganz persönlichen Ebene des von außen nicht Greifbaren angesiedelt.

Wenn jemand behauptet, er bringe einer Person größtes Vertrauen entgegen – wie könnte man stichhaltig nachweisen, daß seine Haltung gerechtfertigt oder grundlos sei? Der Nachweis ist unmöglich, denn das Urteil, daß eine Person Vertrauen verdiene, bedeutet nur für den Urteilenden allein erwiesene Wahrheit. Denn er hat sich auf die Person eingelassen, macht mit ihr Erfahrungen, und allmählich wird aus seiner Vermutung der Vertrauenswürdigkeit eine sichere Überzeugung, auf die er sich als Wahrheit verläßt. – Ähnlich verhält es sich mit der Haltung des Gläubigen gegenüber dem Mythos seiner Religion: Die Erfahrung bestätigt ihm die Wahrheit des Mythos.

Schon unser Vergleich mit der von Verstand und Gefühl bestimmten menschlichen Beziehung soll uns darauf verweisen, daß der Mythos und sein Rahmen, die Religion, nicht allein auf die reine Vernunft des Menschen abzielen, sondern der Vernunft und dem Gefühl des Menschen entsprechen wollen.

Der Mensch bringt von vornherein eine für die Botschaft der Religion empfängliche Verfassung mit. Die Ursache hierfür liegt in der Heilsbedürftigkeit des Menschen, deren er sich aus dem Erahnen oder Erkennen der eigenen Grenzen des Wissens, des Handelns und Wollens bewußt wird.

Die Erfahrung der menschlichen Unzulänglichkeit erstreckt sich auf viele Bereiche, die schließlich das gesamte menschliche Dasein ausfüllen: Der Mensch erfährt seine Grenzen in bezug auf sein eigenes Wesen und Dasein. Aus sich selbst kann er sich nicht erklären, wieso er da ist und ein bestimmtes Wesen besitzt – umfassender: wieso die Welt da ist.

Er findet aus sich keine Antwort auf die Frage nach dem Sinn von Mensch, Welt und Leben. Er vermag aus sich nicht zu beantworten, ob eine Gottheit da ist und in seinem Verhältnis zur Welt, zum Menschen und dessen persönlichem Leben in der Gesellschaft und der Geschichte steht.

Der Mensch verlangt nach verbindlichen Richtlinien für das sittliche Handeln. Damit verbunden ist der Wunsch nach einer Ordnung des Lebens, die imstande ist, die Sehnsucht nach Erfüllung und Glück zu befriedigen und die tiefe Forderung nach Gerechtigkeit zu erfüllen.

Doch die unmittelbar einsichtige Grundlage religiöser Erfahrung ist das Bewußtsein von der Bedrohtheit des Lebens. Der Mensch wird nicht in eine günstige Welt hineingeboren; er muß das junge Leben gegen Gefahren schützen. Die Schwierigkeit, das Leben zu bewahren, den Lebensunterhalt zu erwerben, das Leben vor Krankheit und Leid zu schützen und schließlich die Unmöglichkeit, dieses Leben vor dem unerbittlichen Ende zu retten – all das stellt den Menschen vor ungelöste Fragen, die seine wichtigsten Lebensbedürfnisse angehen.

Beim Menschen kann die Ursache für Unglück, Leid und Ungerechtigkeit liegen. Das Schuldbewußtsein läßt ihn Vergebung für sein Tun und Beistand in seinen guten Bemühungen suchen.

Mancher Mensch erkennt in seiner unlösbaren Abhängigkeit, seiner unüberwindbaren Unzulänglichkeit die ganze Tiefe der menschlichen Heilsbedürftigkeit, die sich ihm in der wesensmäßigen Gottesferne und der eigenen völligen Unfähigkeit, Gott – der Herr über Welt, Leben und Tod – zu werden, zeigt.

Die Erfahrung seiner Heilsbedürftigkeit ruft im Menschen das Verlangen nach Heil wach: Zur Sicherung und Steigerung seines Lebens im Privatbereich, in Familie und Gesellschaft verlangt der Mensch nach einer heilen Welt, einem heilen Kosmos, dessen Kräfte zuverlässig wirken, so daß die Naturerscheinungen ihren gewohnten reibungslosen Verlauf nehmen.

Das diesseitige Heil soll sich in einer Gesellschaft verwirklichen, in der Friede, Ordnung, Gerechtigkeit und Glück herrschen, in einem Leben des einzelnen, das die Überwindung von Gefahren, Not, Krankheit und Leid, die Vermeidung oder Vergebung der Schuld umfaßt.

Das endzeitliche Heil soll die Errichtung der vollkommenen Gesellschaft beinhalten oder, in seiner jenseitigen Ausrichtung, die Überwindung des Todes, die Verlängerung, Erfüllung oder Umwandlung des Diesseits – die ewige Seligkeit.

Die Religion will diesen Bereichen menschlicher Heilsbedürftigkeit entsprechen. Dies verdeutlicht sie in der Sprache des Mythos. So dürfen wir den Mythos als Verbildlichung der Abhängigkeit des Menschen von einem ihn übersteigenden Wesen verstehen, die den Menschen nicht nur verstandesmäßig, sondern ganzheitlich anspricht. Darüber hinaus erklärt der Mythos den Sinngehalt von Glaubensgut religiöser oder weltanschaulicher Natur, von Kulten, Einrichtungen und Gepflogenheiten. Er erklärt, begründet, beglaubigt und verheißt; er drückt eine Lebensanschauung aus.

Der Mythos berichtet von der grundlegenden und folgenschweren Geschichte der Götter und ihres Wirkens in der Vorzeit oder Urzeit, in deren Nachwirkungen der Gläubige lebt.

Die Geschehnisse des Mythos erklären, wie die Welt entstand, unter wessen Wirkung sie zu einer geordneten, wohl ausgestatteten, von Menschen bewohnten Welt geworden ist. So liefert der Mythos den Bericht über die Gründung des Urstandes und der menschlichen Geschichte. Indem er den Ursprung von Welt und Mensch erklärt, begründet er zugleich den Zustand der Welt und des menschlichen Lebens in den gesellschaftlichen Einrichtungen und der seelischen Beschaffenheit des Menschen.

Doch der Mythos kann den Zustand von Welt und Mensch nur deshalb begründen, weil er das Urmuster, den *Archetypen*, dieser ganzen Welt beschreibt. Weil die Welt den Völkern als Nachbild der ursprünglichen Welt in der Urzeit erscheint, erhält die Welt auf diese Weise ihre Begründung und ihren Wert. Der Mythos – welche seine Natur auch sei – ist immer ein Beispiel, ein Musterfall: ein Modellbeispiel für die Seinsweisen des Wirklichen im Allgemeinen.

Schon dadurch, daß der Mythos aussagt, was in der Urzeit geschehen sei, stellt er eine beispielhafte Geschichte der Menschengemeinschaft dar, die ihn bewahrt hat, und der Welt dieser Gemeinschaft. Er erzählt ja von allem, was sich vom Ursprung an zugetragen habe. Wir verwenden hier den Begriff *Geschichte* nicht im modernen Sinn als Begriff für eine Reihe unabänderlicher und unwiederholbarer Ereignisse, sondern im Sinn *beispielhafter* Ereignisse, die sich – regelmäßig oder unregelmäßig – wiederholen können. Die Bedeutung dieser Ereignisse liegt gerade in ihrer Wiederholbarkeit und Wiederholung: Die Geschichte des Ursprungs muß sich wiederholen, weil jede uranfängliche Erscheinung der höheren Macht auf deren Erscheinungsreichtum hinweist, der sich nicht in einer einzigen Darstellung erschöpfen kann.

Weil der Mythos das Musterbeispiel in seiner Beschreibung der ursprünglichen Gründung und Gestaltung der Welt und der vorbildlichen Tätigkeit der Götter vorstellt, kann er die Menschen dazu führen, durch Ritus und Tat die Welt so zu gestalten, wie es die Götter in der Urzeit gemacht haben. Ein indischer Text sagt: „Wir müssen das tun, was die Götter am Anfang taten" (Shatapatha Brahmana VII, 2, 1, 4), ein anderer: „So haben es die Götter getan, so tun es die Menschen" (Taittiriya Brahmana I, 5, 9, 4).

In den verschiedensten kulturellen Zusammenhängen finden wir immer wieder den gleichen rituellen Grundzug: Sich in einem Land niederzulassen bedeutet soviel wie eine Welt zu gründen. Der Mensch besetzte immer weitere Gebiete des Planeten nach dem Musterbeispiel, das der Mythos von der Entstehung der Welt geoffenbart hat. Dank diesem Mythos wird auch der Mensch zu einem Schöpfer. ...

Schöpfungsmythen sind im Verständnis der Religionen also keine ergötzenden Geschichten, sondern Ausdruck tiefer, erprobter Lebensweisheit. Sie bieten eine Erklärung der Welt und des Lebens, ein Lebensmodell mit praktischen Richtlinien zur Bewältigung der Gegenwart, zur Ermöglichung und Sicherung des Lebens und zur Gestaltung der Zukunft. Das ist in den Augen des religiösen Menschen möglich, der sich nach den Aussagen des Mythos ausrichtet, weil für ihn der Mythos das Wirken seiner Götter oder seines Gottes beschreibt und dies zum gültigen Modell für das Tun aller Menschen in allen Zeiten erhebt.

Wir können deshalb verstehen, daß Schöpfungsmythen ein kostbares Glaubensgut der Menschen sind, das nicht leicht preisgegeben wird. Vor allem vor Fremden hüten sich die Weisen des Volkes, die Mythen und die daraus entwickelten Methoden und Mittel für den kultischen Vollzug zu erzählen. Daher rühren auch die Schwierigkeiten, die doch bekanntgewordenen Mythen richtig zu deuten. Denn das Schweigen der Gewährsmänner läßt manches im Dunkeln, das uns für eine vollständige Auslegung der Überlieferungen hilfreich wäre.

Auf unserer Reise durch die Welt der Schöpfungsmythen wird uns manches fremd anmuten. Denn Bildung und Ausgestaltung der Überlieferungen spiegeln gesellschaftliche Umstände und Lebenserfahrungen des jeweiligen Volkes wider, die uns heute nur mit Mühe zugänglich sind. Auch stellen einige Einzelheiten eine Reaktion auf Mißstände der jeweiligen Zeit dar, was den nachfolgenden Generationen und vor allem uns, den Fremden, das Verstehen erschwert.

Gott raucht mit den Menschen Pfeife

Schöpfungsmythen der Pygmäen Afrikas

Selbst die Mythen der ältesten, heute noch lebenden Urvölker können uns nicht in die Anfangszeit der Menschheit zurückführen, der Weg bis an den Anfang bleibt uns verstellt. Doch können uns ihre Schöpfungsmythen näher heran an die „Kindheit" der Menschheit leiten, als es jüngere Quellen vermögen.

Wir wollen deshalb zu Beginn unserer Reise durch die Mythenwelt der Völker zu einem Besuch bei den kleinwüchsigen Pygmäen einladen. Denn mit den Pygmoiden und Buschmännern bilden die Pygmäen Zentralafrikas die älteste Gruppe innerhalb der Völkerschaften des afrikanischen Kontinents. Als Jäger und Sammler ernähren sie sich vom Fleisch erlegter Tiere und von Wurzeln, Blättern und Früchten. Benachbarte Stämme liefern ihnen im Tauschhandel Erträge des Ackerbaus.

Einige Wissenschaftler haben unter den Pygmäen Feldforschung betrieben, sie haben also versucht, während eines Aufenthaltes bei den Pygmäen deren Eigentümlichkeiten kennenzulernen. Die Forscher haben Gespräche mit Angehörigen dieses Zwergvolkes führen können, die ihren Mythenschatz genau kannten und – das ist für uns das Wichtigste – bereit waren, aus ihm zu erzählen. So können wir nun einige Schöpfungsmythen der Pygmäen sprechen lassen.

Kmvum nennen die Pygmäen den höchsten Gott. Sie glauben, daß er oben wohnt, „in jener blauen Unermeßlichkeit, nach der unsere kleinen Menschen mit dem Finger zeigen, jenseits des gewundenen Gürtels der Milchstraße, in der Mitte der funkelnden Sterne, wo zugleich der Gürtel des Orion und das Kreuz des Südens glänzen, ganz hoch ...

Er beherrscht alle und alles, er ist *ein* Gott, Schöpfer aller Wesen, unsichtbar aber nicht unzugänglich, lebendig und gegenwärtig. Er kümmert sich um seine Geschöpfe – aber jetzt weniger, als er es in der Vergangenheit getan hat."

Aus einem Gespräch des Forschers *P. H. Trilles* mit seinem Gewährsmann erfahren wir, was im Glauben der Pygmäen vor der Erschaffung der Welt existierte:

– „*Gab es immer Menschen wie du und ich im Wald?*
– *Nein, vorher, vorher gab es keine Menschen im Wald.*
– *Aber gab es derer anderswo?*
– *Nein, vor uns gab es niemanden. Die ersten, das sind wir.*
– *Und vorher?*
– *Vorher gab es Kmvum, Kmvum ganz allein, Kmvum ohne jemand bei ihm ...*
– *Vor den Bäumen, den Tieren, den Fischen?*
– *Vor den Bäumen, den Tieren, den Fischen war Kmvum ganz allein.*"

Kmvum hat die Bäume des Waldes geschaffen, die Früchte, die Tiere und die Fische. Über alles ist er der Herr. „Er hat alles, alles, alles gemacht. Und wie er aufgehört hat, alles zu machen, sagte er zu unseren Vätern, den Ersten: Nehmet, das gehört euch, ich gebe es euch, es ist für euch."

Über die Erschaffung des Himmels und des Kosmos erzählen die Mythen der Pygmäen fast nichts. Die Aussage, daß Kmvum alles geschaffen habe, bleibt in dieser Hinsicht verschwommen. Dagegen nehmen die Erzählungen von der Erschaffung des Menschen und seiner unmittelbaren Umwelt das Gewicht in den Schöpfungsmythen ein.

Manche Mythen der Pygmäen schildern die Erschaffung des *einzelnen* Menschen, manche stellen die Schöpfung des menschlichen *Urpaares* dar, andere beschreiben die Entstehung der verschiedenen *Menschenrassen.*

Unser Gewährsmann glaubt, der Schöpfergott habe die menschlichen *Rassen* auf folgende Weise geschaffen:

„*Als Gott aufhörte, alles zu schaffen, da setzte er sich nieder am Ufer des Baches bei dem großen Dorf der Tiere. Kmvum nahm Erde, schwarze Erde, aus der Nähe des Baches, und er machte daraus kleine*

Statuen, mit Armen, Beinen und einem Kopf. Und er nahm rote Erde aus der Umgebung des Baches, und er machte kleine Statuen daraus, mit Armen, Beinen und einem Kopf. Und er nahm weiße Erde ...

Und die schwarze Farbe gab die schwarzen Menschen,
und die rote Farbe gab die roten Menschen,
und die weiße Farbe gab die weißen Menschen.

Und der Schöpfergott machte die Menschen lebendig; und er sagte zu den schwarzen Menschen: Gehet! Und sie gingen. Und er sagte zu den roten Menschen: Gehet! Und sie gingen. Und er sagte zu den weißen Menschen: Gehet! Und sie gingen."

Diese Erzählung von der Entstehung der Menschenrassen mit ihren verschiedenen Hautfarben will nun auch Hautfarbe und Charaktereigenschaften in Zusammenhang bringen:

„Die schwarzen Menschen sind böse und boshaft. (Die Pygmäen scheinen mit den benachbarten Negern keine guten Erfahrungen gemacht zu haben.) Die weißen Menschen kennen wir *jetzt,* das bist du (d. h. der Forscher) und deine Brüder. Die roten Menschen, das sind wir; die kennst du ja."

Aus dem Gebrauch des Wörtchens *jetzt* können wir erkennen, daß die Erwähnung der weißen Erde dem ursprünglichen Inhalt des Schöpfungsmythos hinzugefügt ist. So wird deutlich, daß sich Mythen parallel zur menschlichen Erfahrung ändern und entwickeln können.

Die Pygmäen besitzen auch einen Mythos, der die einzelnen Tätigkeiten des Schöpfers bei der Erschaffung des Menschen genauer und ausführlicher beschreiben will; das Motiv des lebenspendenden Kontaktes mit dem Schöpfergott stellt sich klarer heraus. Vor allem möchte dieser Mythos den Grund für den kleinen Wuchs der Pygmäen angeben:

„In jener Zeit, einer Zeit, die so fern ist, daß niemand mehr weiß, wann, und es nie gewußt hat, nicht mein Vater, noch der Vater meines Vaters, noch die früher waren ... In jener Zeit, die so fern ist, daß niemand es mehr weiß, hatte der Schöpfer etwas Erde in seine Hand genommen, und er knetete sie, indem er sie befeuchtete mit dem Speichel seines Mundes, um sie weicher zu machen. Der Schöp-

fer nahm also rote, schwarze und weiße Erde. Er machte daraus kleine Statuen. Wie er es machte, haben uns die Älteren nicht gesagt. Wie er es machte, davon weiß ich nichts, und niemand wird es mir sagen. Er sagte zu den ersten Statuen: Richte dich auf! Und sie richteten sich auf. Und er machte es desgleichen mit allen anderen …

Als alle kleinen Statuen da standen, jede an ihrem Platz, jede dort, wohin der Schöpfer sie gestellt hatte, sagte er zu der ersten: Geh!, indem er sie mit dem Finger anstieß, und die erste Statue ging … Und so machte er es mit allen anderen.

Die Statuen waren ursprünglich sehr klein, kaum so hoch wie eine Banane, und zwar eine nicht sehr große. Nach ihrer Belebung fingen sie an zu wachsen. Alle Menschenrassen wuchsen sehr hoch, nur die letzte Statue blieb sehr klein. Und so entstand die Rasse der Pygmäen.“

Der Mythos hat den Zeitpunkt der Erschaffung des Menschen nur sehr grob umrissen; niemand wisse, wann genau es gewesen sei. Das wirft Licht auf den zeitlichen Bereich, in dem der Mythos spielt: Er ist nicht greifbar, führt über jede menschliche Erfahrbarkeit hinaus und liegt jenseits des Vorstellungsvermögens. Der Zeitpunkt der Schöpfung hebt sich geheimnisvoll ab, er ist überzeitlich. Wir sprechen deswegen von einer mythischen Urzeit. Der Gläubige versteht die mythische Urzeit nicht ausschließlich als Anfangspunkt der alltäglichen, profanen Zeit; die mythische Urzeit bildet nicht nur das erste Glied einer Kette von folgenden Ereignissen. Denn die mythische Zeit wirkt in die Lebenszeit des Gläubigen hinein; gleichsam umrahmt sie seine Erfahrungen, die er wie mit Hilfe eines Koordinatensystems urzeitlicher Normen wertet.

Der *Gläubige erlebt* den Mythos in seinem Denken und Fühlen und Handeln, in seiner Phantasie und Erfahrung – der *Mythos* aber *lebt* durch ein solches gläubiges Leben.

Die Tradition der Pygmäen wird uns nun in einem Mythos von der Erschaffung des menschlichen *Urpaares* einen Schöpfer mit überaus menschlichen Zügen vorstellen:

„Damals weilte Gott der Schöpfer im Dorf. Er war ganz allein und langweilte sich stark. Er sagte es: Ich langweile mich sehr. Er ging in den Wald, nahm den Tabak und, zurückgekehrt zum Dorf, rauchte den Tabak. Dann, als die Mahlzeit gekommen war, hatte

niemand ihm etwas zum Essen bereitet. So langweilte er sich im Dorf.

Er sagte dann: Ich werde Menschen machen, und sie werden mir zu essen liefern. Dann fing er an, im Wald Nkula-Nüsse zu sammeln, und zwar während mehrerer Tage. In seiner Hütte lag dann ein großer Haufen Nüsse.

Der Schöpfergott nahm alsdann die Nüsse und stieg zu dem Platz, wo er eine Piroge angebunden hatte. Er lud die Nüsse in die Piroge ein und befahl dem Krokodil, das die Piroge des Schöpfers zog, auf die offene See hinauszugehen. Das war ein großes Wasser, so groß, so groß, daß man seine Grenze nicht sah da drüben; da drüben ..., wo die Sonne untergeht.

Der Schöpfer nahm dann eine Nuß, die dickste, die er finden konnte, hauchte darauf und sprach: Du sollst ein Mann sein, der erste! Und er warf die Nkula-Nuß in das Meer auf die Erde zu.

Der Schöpfer nahm eine zweite Nuß, steckte sie in seinen Mund, spie darauf und warf sie sehr weit ins Wasser mit den Worten: Du wirst die Frau sein! Und die Nuß schwamm weg auf die Erde zu. Und so machte er es der Reihe nach mit allen anderen. Und als der Schöpfer wieder am Ufer angelangt war, warteten dort alle Menschen auf ihn."

Der Schöpfergott handelt in dieser Erzählung nicht nur nach Menschenart, er kann sogar wie ein Mensch empfinden: Er fühlt Langeweile und kennt Ablenkung und Genuß, wenn er den Tabak raucht; er fühlt das Bedürfnis nach Nahrung. Er scheint beinahe aus Einsamkeit an das schöpferische Werk heranzugehen, er wünscht sich Gesellschaft.

Eine Variante dieses Mythos schildert die Erschaffung der Frauen anders:

„Die Männer waren also am Ufer und warteten auf den Schöpfer. Dann gingen sie mit ihm ins Dorf. Sie gingen auf die Jagd und töteten viel Wild; und im Dorf machten sie ein großes Feuer, um ihr Wildbret zu braten. Das war immer dasselbe, und eines Tages sagten sie zum Schöpfer: Wir sind müde, immer nur gebratenes Fleisch zu essen. Und der Schöpfer antwortete ihnen: Kocht doch euer Fleisch auf andere Weise! Und sie entgegneten: Wir verstehen es nicht. Aber du siehst, alle Tiere haben Frauen, und wir haben keine Frauen. Gib uns Frauen, sie werden uns die Küche machen!"

Bis hierhin will der Mythos erklären, woher die Stellung der Frau in der häuslichen Wirtschaft und in der Kultur der Pygmäen rührt. Die Fortsetzung, die über die Weise der Erschaffung der Frauen berichtet, hat dann psychologische Ansprüche. Denn sie will eine Charakterisierung des weiblichen Verhaltens geben, allerdings eine wenig rühmliche:

„Der Schöpfer schickte die Männer auf die Jagd und befahl ihnen, das Erbeutete herzubringen. Als nun alle zurückkamen, sprach er: Legt vor euch das Tier, das ihr getötet habt! Jeder legte es hin, dieser eine Antilope, jener ein Wildschwein, viele Affen und noch sehr viele andere Tiere. Aber niemand hatte einen Elefanten herbeigebracht. Der war zu schwer. Und der Schöpfer hauchte auf die Tiere und sprach dann zu ihnen: Auf, erhebet euch! Jedes getötete Tier erhob sich sofort, und aus jedem Tier kam eine Frau. Und jeder Jäger führte seine Frau heim, und alle waren zufrieden.

Und seit jener Zeit steht jede Frau mit ihrem Charakter da. Die einen sind Leckermäuler, die anderen Faulenzerinnen, einige hurtig, andere geschwätzig wie die Affen, viele stechend wie die Wildschweine, einige gute, aber es gibt davon keine mehr, und sehr wenig intelligente, denn niemand hatte einen Elefanten (der als intelligentes Tier gilt) *getötet. – Aber es ist nun einmal so.“*

Um unsere Leserinnen zu entschädigen, wollen wir noch die letzten Zeilen des Berichtes von *Trilles* über die Rache der Frauen am Gewährsmann zitieren:

„Und ich erinnere mich, daß an diesem Abend die Frauen ärgerlich und wütend waren und den Erzähler prügeln wollten. Am nächsten Tag bekam er eine armselige, eine sehr armselige Küche. Und er schloß daraus philosophisch: Du siehst also! Aber es ist nun einmal so!“

Im Glauben der Babinga-Pygmäen haben Schöpfergestalten aus dem Tierreich das erste Menschenpaar erschaffen:

„Der erste Babinga wurde erschaffen von einer Spinne Thole. Eines Tages ging er zufällig in den Wald, während er sein Schicksal verfluchte: Ich bin sehr unglücklich, so allein auf der Welt zu sein, ich habe ja nicht einmal eine Gefährtin. – Da traf er ein Stachel-

schwein an, das zu ihm sagte: Warum dich so beklagen? Weißt du nicht, daß ich, wie die Spinne, allmächtig bin, und daß auch ich die Schöpferkraft habe? Ich habe dein Unglück gesehen und für dich aus dem Nichts eine Frau hervorgezogen. Folge mir, und ich werde sie dir zur Frau geben! – Der Stachelschwein-Schöpfer zeigte dem Zwerg einen Ameisenhaufen und sprach: In diesem Hügel befindet sich diejenige, die dir bestimmt ist; aber sie hat sicherlich Hunger, ich werde ihr zu essen geben. – Er holte ihr Honig herbei, womit sie sich sättigte. Dann ergriff das Stachelschwein einen Zweig und schlug so stark auf den Ameisenhaufen, daß er zerbrach. Und die erschrockene Frau lief mit allen Kräften in den Wald. Der Babinga folgte ihr.

Deshalb führen seit dieser Zeit alle Babinga ein umherschweifendes Leben und errichten keine feste Wohnung" – so lautet für die Babinga die kulturgeschichtliche Folgerung aus den letzten Zeilen des Mythos.

Für die Verstreuung der Menschen über den ganzen Erdkreis weiß der Mythos eine Erklärung:

„*Als der Schöpfer die verschiedenen Menschenrassen geschaffen hatte, verteilte er ihnen seine Gaben, indem er die einzelnen Völker fragte, was sie sich wünschten. Am Ende der Sitzung sagte er ihnen: Und jetzt gehet ihr alle! Und sie gingen, der eine nach rechts, der andere nach links, der eine nach vorwärts, der andere nach rückwärts.*

Und der Schöpfer ging ebenfalls weg. Er ging weg!"

Der Mythos will auch die Herkunft der Kultur erläutern, die Weisen der theoretischen und praktischen Lebensbewältigung.

Der Rang des Menschen in der Schöpfung soll in folgender Begebenheit bestimmt worden sein:

Nach ihrer Erschaffung „*waren die Menschen da vor dem Angesichte Kmvums, die Schwarzen und die Roten und die Weißen ... Siehe, da kommen plötzlich Rē, der große Affe (Schimpanse), und Lui, der Gorilla, neugierig daher, springend und hüpfend, mit den Worten: Wir kommen, ihn (den Menschen) zu sehen, als Freunde. – Und Kmvum erhob sich voll Zorn: Nein, so ist es nicht, sondern (ihr sollt sagen): Den Häuptling wollen wir sehen.*"

Der Mensch sei den Tieren also nicht gleichgestellt, sondern besitze eine Vorrangstellung.

Kmvum lehrt die Menschen, wie sie sich richtig ernähren sollen:

„Als Kmvum die Menschen in großer Anzahl erschaffen hatte, sagte er zu ihnen: Esset und trinket! – Und sie sagten: Was sollen wir essen? Was sollen wir trinken? – Und was sie essen sollten, und was sie trinken sollten, und was sie nicht essen und nicht trinken sollten, sagte ihnen Gott.“

Der Schöpfer setzt fest und bestätigt die für die Menschen eingerichtete Sozialordnung, übernimmt ihre Führung und weist den Menschen Wohnungen zu. In dem Mythos, der die Erschaffung der Menschen aus Nkula-Nüssen schildert, wird erzählt, wie die Menschen auf den Schöpfer warten. Die Menschen haben schon einen Häuptling, den ersten Menschen, den Gott erschaffen hatte.

„Als Gott am Ufer angelangt war, setzte er den Fuß aufs Land. Alle Menschen erwarteten ihn, und der Häuptling der Menschen sprach zu ihm: Da bin ich. – (Und wie eine organisierte Gemeinschaft) sagten alle Männer: Da sind wir. – Die Frauen standen hinter ihnen.

Der Schöpfer führte sie alle in sein Dorf, und als sie alle auf dem großen Platz waren, sprach er zu ihnen: Ihr werdet hier wohnen, da sind unsere Hütten. –

Seit dieser Zeit war der Schöpfer der Häuptling des Dorfes der Menschen.“

Die Menschen genossen in der Gemeinschaft mit dem Schöpfer eine glückliche Zeit. Der Mythos beschreibt diese Zeit:

„Der Schöpfer aß mit den Menschen, die Frauen besorgten die Küche, und sie machten eine sehr gute. Wenn man aufhörte zu essen, legte man sich bequem hin und rauchte die Pfeife. Und man erzählte sich Geschichten. –

Das war die wahre glückliche Zeit. Ach wir Armen! Das war so.“

Auch an dieser Beschreibung des paradiesischen Urstandes können wir feststellen, daß dem Mythos eine bestimmte Sprachebene eigen ist, die uns auch einen Schluß auf die zugehörige Denkweise erlaubt: Die mythische Sprache gebraucht anschauliche, griffige Worte, die dem Bereich der praktischen Erfahrung entnommen sind. So weckt der Mythos im Hörer eine Ahnung, ein Gefühl für den mit seinem Denkvermögen unfaßbaren Bereich der Erfahrung höherer Macht. Das geschieht mit Bildern aus der alltäglichen Erfahrung. Sie sind so zusammengesetzt, daß sie für den Hörer die Atmosphäre des Göttlichen einfangen können. Nur auf diese Weise kann der Mensch der Frühzeit die nicht verstehbare Erfahrung bewältigen.

Gerade die Eigenart der bildhaften Sprache ist ein Wesensmerkmal des Mythos. Beginnt die religiöse Gruppe, die den Mythos überliefert, in der Hinwendung zu ihrem Gott sich ausschließlich auf die rationale Reflexion zu konzentrieren, dann löst sich der Mythos auf und stirbt. Denn Reflexion und Gotteserfahrung des Gläubigen scheinen dann nicht mehr mit dem mythischen Wort übereinzustimmen.

Am Ende unseres Besuchs in der Mythenwelt der Pygmäen soll uns ein letzter Mythos die Sehnsucht des gläubigen Menschen nach der Fülle des Heils, dem Urstand, zeigen, die aus der Kritik am gegenwärtigen Zustand erwächst. Denn *jetzt* ist der Mensch allein, in der gegenwärtigen und deshalb heilsbedürftigen Zeit, ohne die unmittelbare Gegenwart Gottes, ohne seine direkte Hilfe:

„Es ist Kmvum, der uns gemacht hat, uns, und es ist er der Herr, und zu dieser Zeit lebte er bei uns. Als er bei uns wohnte, seine Befehle erteilend, und wir gehorchten, da waren wir glücklich, mächtig und stark, wir waren die Herren. Wir waren frei, wir waren stark!

Kmvum ist fern, er hat uns verlassen, und deshalb sind wir elend geworden.“

Töpferkunst und göttlicher Tanz

Australische Schöpfungsmythen

Die nächste Station unserer Reise durch die Mythenwelt der Völker liegt ungefähr 11000 km südöstlich von Zentralafrika entfernt: Auf Australien wollen wir Halt machen. Im dortigen Südosten werden wir die Urkultur der Australier – so z. B. die Kulin-Stämme – nach ihren alten Erzählungen über den Anfang der Schöpfung befragen.

Der Schöpfer der Erde, der Bäume, der Tiere und der Menschen heißt hier *Bundjil*. Die Melbourne-Schwarzen sagen, daß Bundjil aus Lehm zwei Männer geschaffen habe.

„*Das war vor langer, langer Zeit, und die zwei Ersten atmeten in einem Lande nach Nordwesten zu.*"

Und so sei Bundjil an sein Werk gegangen:

„*Mit seinem großen Messer schnitt er drei große Scheiben aus einem Ast ab. Auf eine derselben legte er eine Menge Lehm und verarbeitete ihn in die gehörige Zusammensetzung mit seinem Messer. Als der Lehm weich war, trug er eine Portion auf eines der anderen Rindenstücke, und er begann, den Lehm zu einem Manne zu bilden, wobei er an den Füßen begann; dann machte er die Beine, dann bildete er den Rumpf und die Arme und das Haupt. Er machte einen Mann auf jedem der zwei Rindenstücke. Er hatte großes Wohlgefallen an seinem Werk, und er schaute lange darauf hin und tanzte um dasselbe herum.*"

Wie der Töpfer die irdene Ware anfertigt, so also habe Bundjil den Menschen gebildet. Der Tanz um das vollendete Werk ist wohl auch Zeichen der Freude an der gelungenen Arbeit, aber vor allem Ausdruck der Lebenskraft, deren „überschüssige"

Macht der Schöpfer von sich fort und zu seinem Werk hin tanzt. Der Tanz soll das Werk erhalten, befestigen und zur Vollendung bringen.

Wir dürfen mit diesem Beispiel allgemein feststellen, daß der Tanz ursprünglich kultischen Sinn trug. Übt der Tänzer sich nur aus ästhetischen Gründen und allein zum Vergnügen in seiner Bewegung, dann ist der kultische Kern des Tanzes verloren gegangen.

Nach dieser Töpfertätigkeit machte sich der Schöpfer wieder an die Arbeit; diesmal, um den jeweiligen Menschentyp der beiden Männer zu bestimmen. Der Mythos verlegt den Zeitpunkt der Entstehung der zwei Gesellschaftsklassen in diesem Gebiet der Erde in die Ursprungszeit der Menschheit. *Krähen* und *Falken* heißen die Gesellschaftsklassen, von denen die dunkelhäutigen, kraushaarigen Krähen die ältesten Stämme Südostaustraliens sind.

„Der Schöpfer Bundjil nahm also faserige Rinde von einem Baum (Eucalyptus obliqua), machte Haare davon und setzte es auf ihre Häupter.

Der eine Mann bekam schlichte Haare, verhältnismäßig helle Hautfarbe. Der andere Mann bekam krauses Haar und dunkle Hautfarbe.

Bundjil schaute wieder auf sein Werk mit vielem Wohlgefallen und tanzte noch einmal um sie herum. Jedem gab er einen Namen: den Mann mit dem Schlichthaar nannte er Berukburn, den Mann mit dem Kraushaar Kukinberuk.“

Die Religionsgeschichte lehrt, daß in der Namensgebung nicht eine bloße Bezeichnung des Trägers zur Unterscheidung von anderen Namensträgern ausgesprochen wird. Dagegen kennzeichnet der Name das von einer Schöpferkraft herrührende Wesen seines Trägers; der Name will die Wesenhaftigkeit seines Trägers in einem Begriff – einem Eigenschaftswort – fassen. Wohl kann er auch einen verdeckten Wunsch für den künftigen Lebensweg des Benannten beinhalten. – Die Namen der beiden Urmenschen in unserem Mythos konnten von den Fachleuten bisher nicht entschlüsselt werden.

Der Schöpfer Bundjil hat sich nun bestimmter Pflanzen für die Bildung des menschlichen Leibes und auch für die Schaffung der Haare bedient. Die Erschaffung des Menschen steht also in einem engen Zusammenhang mit der Vegetation, in deren Kontakt die Menschen sich immer schon als Teilhaber am Kreislauf des ständigen Werdens und Vergehens wußten. Viele uns bekannte Riten belegen die wichtige Rolle der Pflanzenwelt für die Zeugungskraft des Mannes und die Fruchtbarkeit der Frau im Glauben der Völker.

Der Mythos will nun die dritte Stufe der Erschaffung des Menschen schildern, nämlich die Beseelung der Geschöpfe:

„Nachdem Bundjil wiederum mit seinen Händen die Körper der beiden Männer bestrichen hatte, legte er sich auf einen jeden von ihnen und blies seinen Atem in ihren Mund, in ihre Nase und in ihren Nabel.

Und als er sehr stark blies, da regten sie sich."

Die enge körperliche Berührung mit dem Schöpfer dient als Mittel, das Leben mitzuteilen. Das Einhauchen des Lebensprinzips – des Atems – macht die Männer nun lebendig. Der belebende enge Kontakt der Geschöpfe mit ihrem Schöpfer deutet auf ein Verwandschaftsverhältnis des Menschen mit dem Schöpfer hin.

Die Bedeutung des Nabels als Kanal für die Übertragung des Lebensprinzips läßt sich wohl klären aus seiner vorgeburtlichen Aufgabe als Überbringer der Lebensfähigkeit – in umfassenderer Weise, als Mund und Nase nach der Geburt den Menschen mit dem lebensnotwendigen Sauerstoff versorgen. Wie das ungeborene Kind von seiner Mutter, so ist die Lebensfähigkeit des Urmenschen abhängig von seinem Schöpfer.

„Bundjil tanzte rund um sie herum, ein drittes Mal. Er machte sie dann sprechen und ließ sie aufstehen, und sie erhoben sich und erschienen als voll ausgewachsene junge Männer, nicht als Kinder."

Die letzten Worte des Mythos wollen die eben geschenkte Eigenständigkeit der Urmenschen betonen: Kinder brauchen die sorgende Hand der Eltern, die beiden fertig geschaffenen Männer aber müssen und können ohne Pflege leben.

Spiegelbild der gesellschaftlichen Rangordnung von Mann und Frau ist die Aussage, daß nicht der Schöpfer der Männer auch für die Frauen zuständig sei, sondern *Paliyan*, der zuweilen als ein Bruder, zuweilen als ein Sohn Bundjils beschrieben wird. Paliyan eignet sich von seinem Einflußbereich her, dem Wasser als Symbol der kosmischen Fruchtbarkeit, besser dazu, die Frau als Symbol der menschlichen Fruchtbarkeit zu erschaffen. Denn Paliyan hat die Herrschaft über die Gewässer, die großen und die kleinen. Er ist der Herr über Flüsse, Bäche und Lagunen, und die See gehorcht ihm ebenfalls. Sein Hauptvergnügen ist es, in den Gewässern herumzuplanschen und in die Wassertiefen hinabzutauchen.

Der Mythos erzählt:

„Eines Tages spielte Paliyan in einem tiefen, tiefen Wasserloch. Er schlug und klopfte das Wasser mit seinen Händen in derselben Weise, wie die Frauen auf die Felle schlagen, wenn die Männer das Corroboree tanzen. Das Wasser wurde dick; es wurde sehr dick; es wurde wie Schlamm, und Paliyan konnte nicht länger hindurchschauen wie vorher. Aber etwas sah er doch zuletzt. Und als er die Wasser teilte mit einem Zweig, um einen Schimmer zu bekommen von den Dingen da unten, da gewahrte er etwas, was Hände zu haben schien, so wie Bundjil sie den Männern gegeben, die er geschaffen hatte.

Paliyan nahm einen starken Ast, bog ihn in die Form eines Hakens und teilte durch ihn wiederum das Wasser, und da erschienen zwei Köpfe (so wie Bundjil den Männern gegeben hatte), dann die Leiber (ähnlich den von Bundjil gemachten) und endlich zwei Geschöpfe wie junge Frauen.

Er nannte die eine Kunawara, die andere Kuruk.“

Die Entstehung der Frauen ist eigentlich kein geplantes Ergebnis des gezielten Handelns eines Schöpfers. Sie ergibt sich mehr aus dem Wirken magischer Kräfte, denn Paliyan hat das Wasser geschlagen. Der Mythos vergleicht nun das Wasserschlagen Paliyans mit dem Fellschlagen der Frauen zum Tanz der Männer, das zum Gelingen des Tanzes beiträgt. Die Erzählung bringt also die Wirkung des magischen Tanzes indirekt ins Spiel wie schon bei der Beschreibung der Schöpfungshandlung Bundjils. Der Vergleich mit dem Schlagen der Trommeln zum Tanz, durch den Macht in Bewegung gesetzt wird, läßt uns den Sinn des Wasserschlagens erschließen. Wie die Bedeutung des instrumentalen und auch vokalen Tones allgemein auf seiner Geltung als Kraftträger beruht, der abweisende, böse Einflüsse vertreibende Wirkung hat, aber auch bestimmte Mächte anlokken kann, so bringt Paliyan in unserem Mythos mit dem Schlagen des Wassers wirkmächtige Kräfte herbei.

„Paliyan hatte wohl die Frauenleiber aus dem Schlamm hervorkommen sehen, er hatte auch daran viel Freude. Er glaubte sogar, die Frauen erschaffen zu haben, wie Bundjil die Männer erschaffen hatte. Aber es gelang ihm nicht, die Frauenleiber zu beseelen, lebendig zu machen.

Darum trug er sie zu Bundjil, um sie ihm zu zeigen. Bundjil hauchte in ihre Nüstern, ihren Mund und ihren Nabel; erst dann wurden sie lebend."

In dieser Passage begründet der Mythos die Rangordnung von Männern und Frauen in der Gesellschaft; demnach ist es schlüssig, wenn der Männerschöpfer die letzte, entscheidende Vollmacht innehat. In diesem Sinn will so auch eine Variante des Mythos, daß Bundjil es gewesen sei, der den Frauen ihre Namen gegeben habe.

Noch drei Tage lang sollte das Götterpaar Bundjil und Paliyan das Leben der ersten Menschen in idyllischem, paradiesischem Frieden begleiten. Während dieser Zeit lehrten sie die Menschen den Umgang mit der Schöpfung und brachten ihnen die Kultur:

„Bundjil gab jedem Manne, den er erschaffen hatte, eine Frau. Er legte in die Hände der Männer Speere; jedem Mann gab er einen Speer. Und Paliyan gab jeder Frau und legte in ihre Hand einen Grabstock."

Die Männer sind also für die Jagd, die Frauen für die Sammelwirtschaft und den Ackerbau bestimmt.

„Paliyan sprach zu den Männern und Frauen und sagte ihnen, daß sie zusammen leben sollten. Er ordnete an, daß die Männer ihre Speere zum Töten der Känguruh und die Frauen ihre Grabstöcke zum Ausgraben der Wurzeln gebrauchen sollten.

Bundjil und Paliyan blieben drei Tage bei den Schwarzen. Sie gingen mit ihnen aus und zeigten ihnen, wie sie sich ihre Nahrung besorgen sollten. Sie zeigten den Männern, wie sie das Känguruh und das Emu speeren sollten, und sagten den Frauen, wie sie Wurzeln finden würden."

Dann, am dritten Tag, sollte der Aufenthalt der hohen Wesen auf Erden sein Ende nehmen:

„Am dritten Tag saßen Bundjil, Paliyan und die vier Schwarzen zusammen. Ein Wirbelsturm kam am dritten Tag, als sie sich alle zusammengesetzt hatten. Am dritten Tag, als sie sich niedergesetzt hatten, kam ein Sturm, ein großer Sturm. Und der Wirbelwind und der Sturm, und der große Sturm, trugen Bundjil und Paliyan aufwärts – weit weg. Und die Schwarzen sahen Bundjil und Paliyan nicht mehr."

Daß die Gottheit sich des Sturms als Fahrzeug bedient, verzeichnet die Religionsgeschichte des öfteren. Der Sturm trug die Gottheiten „weit weg". Dieses Wort läßt die schmerzliche Sehnsucht durchklingen, in der die neuen Menschen ihrem Schöpfer nachschauen, der sie auf die neue Erde gesetzt hatte. Die gläubigen Herzen werden die Aktualität des direkten Kontaktes mit den Göttern lebendig werden lassen in immer wieder weitergegebener Erinnerung, in der kultischen Wiederholung der geglaubten urzeitlichen Geschehnisse und in der Ausrichtung des Lebens nach den von ihren Göttern gestifteten Richtlinien – in der mythischen Bewußtseinslage.

Die mythische Bewußtseinslage wollen wir anhand eines Gesprächs über eine Variante aus dem australischen Mythenschatz illustrieren. Hören wir den Bericht des Forschers *Manning*, der um die Mitte des letzten Jahrhunderts sein Gespräch mit einem jener Eingeborenen niedergeschrieben hat, die den Gott *Boyama* für den Schöpfer des Universums halten. Der Forscher befragte den Eingeborenen Andy danach, wie er über die Herkunft des Gottes selbst denke:

„Er antwortete, daß er (d.h. Boyama) aus dem glasartigen Gebirge aufstieg, das seinen Thron bildet, und an welchem er, wie man glaubt, unbeweglich angeheftet ist. Ich fragte ihn dann, wie die Schöpfung des primitiven Kristallgebirges in Ballina vor sich ging.

Er antwortete: ‚Er stieg auf aus dem großen Wasser und den Wolken.' – Aber als er dann wieder gefragt wurde betreffs der Schöpfung des großen Wassers und der Wolken, sagte er: Boyama machte sie, glaube er, indem er bezeichnenderweise hinzufügte und mich dabei fest anschaute: Er könne es nicht sagen, noch irgend jemand anderes, ‚kannst du es?'"

Die Antworten zeigen uns den geheimnisvollen, heiligen Rang des Mythos im Bewußtsein des Eingeborenen. Wir können aus der Mechanik des Gesprächsverlaufs und der Gesprächsatmosphäre erkennen, daß der Mythos eine Ausdrucksweise ist, die dann auftritt, wenn eine deutliche Aussage nicht mehr möglich ist. Denn im Mythos versucht der Mensch, sich eine Darstellung von dem zu geben, was in irgendeiner Weise Gegenstand seiner Erfahrungen und seines Denkens ist, aber sein Vermögen, diese Erfahrung und dieses Denken zu verarbeiten, übersteigt und sprengt.

Das Wort erschafft die Welt

Melanesische Schöpfungsmythen

Wenn wir nun einen Abstecher nach Melanesien machen wollen, haben wir das geographische Gebiet als Ziel vor Augen, das hart unterhalb des Äquators Neuguinea, südöstlich davon vulkanische Inseln – also die Neuen Hebriden und Neukaledonien – und schließlich die Fidschiinseln umfaßt. In diesem vielfältigen Kulturraum lassen sich die ansässigen Stämme in drei Gruppen einteilen:

Die Eingeborenen-Stämme Neuguineas sind ein kulturell sehr niedrigstehendes Volk, von dem wir fast nichts wissen. Allenfalls vermutet man, daß seine Kultur Ähnlichkeiten aufweist mit der der asiatischen Pygmäen, der Semang von Zentral-Malaysien.

Auch in Neuguinea und auf mehreren Inseln findet man die Papuas. Die Papuas bestehen aus verschiedenen Völkerschaften und stellen kein einheitliches Gebilde dar. In ihrer Mythologie spielen die Gespenster eine bedeutende Rolle, und das Thema „Sexualität" nimmt eine besondere Stellung ein. Die Papuas meinen, die Welt habe immer bestanden; schon von Anfang an habe sie ihre endgültige Gestalt besessen.

Die dritte Gruppe sind die eigentlichen Melanesier, die unter den anderen Gruppen der Größe nach an erster Stelle stehen; sie pflegen auch eine höhere Kultur als die anderen. Ihre Schöpfungsmythen werden uns hauptsächlich interessieren.

Die Melanesier glauben, das Eingreifen von überweltlichen Wesen sei erforderlich gewesen, um die Welt einzurichten und sie mit allem Lebensnotwendigen auszustatten:

Am Anfang war die Welt da, aber sie war wie eine Wüste, eine öde Fläche. Auf diese Wüste fiel das grelle, harte Licht, das ständig da ist und die ganze Landschaft erstarren läßt. Das Meer war auch da, aber ohne Bewegung. Das Meer kennt keine Gezeiten; und die Ur-Materie liegt da unfruchtbar.

Dann kommt Quat, der Demiurg, die Welt zu gestalten. Quat tritt aus einem Felsen hervor. Er ist kein Gott, er ist nur ein Geist, dessen Auftreten eine neue Epoche für die Welt bedeutet. Quat erschafft einzelne Lebewesen wie Bäume und Schweine; und er erschafft auch die Menschen. Aus einem Baum schnitzt er die Körper von drei Männern und drei Frauen. Er bildet die Körper mit Geschick und Sorgfalt. Die gebildeten Formen verbirgt er nun drei Tage im Schatten eines Busches – nämlich vor dem gefährlichen grellen Licht, das alles dürr macht. Er tanzt um sie herum, er schlägt die Trommel, und so verleiht er den menschlichen Leibern das Leben.

Quat richtet nun seine Wirkung gegen den ewigen Tag, gegen das grelle ewige Licht, das die Welt in ständiger Dürre hält. Quat gibt den Menschen die Nacht, er setzt den regelmäßigen Wechsel der Jahreszeiten ein. Nun hat das Meer Gezeiten, der Regen fällt in regelmäßigen Abständen, und die Voraussetzungen für die Fruchtbarkeit der Erde sind jetzt geschaffen.

Um die Bedeutung dieses Mythos zu verstehen, müssen wir wissen, daß die Melanesier in erster Linie ein Gärtnervolk sind. Ihr Denken und Handeln sind also vom Lebenszyklus der Vegetation bestimmt.

Die Anschauung vom zyklischen Leben tritt im Mythos hervor in der Beschreibung der Abschaffung des ewigen Tages und der Einführung des Tag-Nacht-Zyklus, der Abschaffung der Regungslosigkeit des Meeres und der Festlegung von Gezeiten und Regen in regelmäßigen Abständen.

Nicht nur der Weltzyklus wird nach dem zyklischen Maß der Vegetation dargestellt; auch das Material, aus dem geschaffen der Mensch das Leben erlangen soll, ist der Vegetation entnommen: Die ersten Menschen werden aus einem Baum erschaffen.

Diese Auffassung von einer zyklischen kosmischen Ordnung und ihrer Verbindung mit der Vegetationsperiodizität zeigt sich auch in anderen Mythen der Melanesier, von denen wir einen zusammenfassen und beleuchten wollen:

Tortali, Herr der Sonne und Geist des Tages, hatte eine Sterbliche namens Avin zur Frau genommen. Sie lebte in einem Garten, der ihr zu jeder Stunde die reichste Nahrung bot.

In Abwesenheit ihres Gatten paart sie sich eines Tages mit Ul, dem Herrn des Mondes und Geist der Nacht. Der Sonnenherr jagt Avin dann zur Strafe aus dem Garten.

Der Mythos schildert nicht nur paradiesisches Glück, Sündenfall und Austreibung aus dem Garten, sondern er will auch zeigen, wie die Fruchtbarkeit der Frau und ihre Aufgabe in der Landwirtschaft mit dem zyklischen Wechsel des Tages und der Nacht zusammenhängt. Der Text sagt nämlich weiter: Seitdem seien die Frauen dazu verdammt, die Nahrung in schwerer Arbeit der Erde zu entreißen, während ihr Körper den Unbilden der Menstruation ausgesetzt sei.

Der Zyklus der Fruchtbarkeit ist also zusammengestellt aus Nacht, Mond, Frau, Vegetation: in all diesen Elementen herrscht das Prinzip der geregelten Wiederholung.

Die mythische Welt der Melanesier birgt noch andere Erzählungen über die Erschaffung der Menschen*:

„Alles war im Anbeginn noch tiefe, dunkle See. Da kam die Mora-Schlange Malai über das Meer geschwommen und sprach: ‚Riff, hebe dich!' Und auf ihr wunderkräftiges Wort hin stieg die Insel aus dem Grunde des Ozeans an die Oberfläche herauf und wurde von der Schlange mit den ersten Menschen ausgestattet."

Der Leser stoße sich nicht an dem Wort „Schlange", die er wohl als Symbol des Bösen kennt. Im ganzen melanesischen Inselraum nämlich ist die Schlange ein Symbol des ewigen Lebens und der Unsterblichkeit und damit die wichtigste Erscheinungsform der Gottheit und der guten Ahnen.

Auf den Bank-Inseln glauben die Eingeborenen, der Schöpfer habe den Mann aus Ton und die Frau aus geflochtenen Zweigen der Sagopalme geschaffen.

Die Bewohner der Insel Boeg erzählen:

„Anfangs lebte der Schöpfergott ganz allein für sich und dachte: Wer wird mit mir auf der Erde wohnen? – Ich will mir einen Menschen ausdenken, der entstehen soll! Dann formte er aus der Erde die

---

* Siehe Carl Laufer, „Die Erschaffung durch das Wort in der Südseemythologie", in: Kairos 1/1961, S. 95–96.

Körper von Mann und Frau und blies ihnen seinen Atem durch die Nasenlöcher ein. Da fingen die beiden Gebilde an zu niesen und zu leben. Sie standen auf, um sich im Auftrag des Schöpfers geschlechtlich zu verbinden und neues Leben auf ihre Art und Weise zu zeugen.“

Wir haben schon aus anderen Mythen lernen können, daß der Atem als Symbol und also auch Träger des Lebens gilt, das in Gott wohnt.

Auf den Salomoninseln finden wir einen Typ Mythos, der mit keinem Wort von einem Schöpfergott spricht. Es ist ein Selbstentstehungsmythos, der erzählt: Die Vorfahren haben sich spontan aus einem Zuckerrohr gebildet, aus dem eines Tages zwei Knospen ausbrachen und einen Mann und eine Frau ersprießen ließen.

Das erste Wesen, der Schöpfer, wird auf Neubritannien nicht benannt. Nachdem er zwei menschliche Formen auf den Boden gezeichnet, sie mit seinem Blut besprengt und dann mit Blättern bedeckt habe, habe der Schöpfer aus ihnen die zwei großen Kulturbringer *To-Kabinana* und *To-Karvuvu* erschaffen. Sie hätten Kokosnüsse gesammelt und sie auf die Erde geworfen; aus den zerplatzten Nüssen seien vier Frauen – ihre künftigen Gattinnen – hervorgekommen.

Dieses Motiv, daß die ersten Menschen aus dem zum Zweck der Erschaffung des Menschen freiwillig vergossenen Blut des Himmelsherrn entstanden seien, ist in der Südsee weit verbreitet, ein Glaubenszeugnis von der Blutsverwandtschaft des Menschen mit seinem Schöpfer. Mit ihm als „Vater“ fühlt sich der Eingeborene so eng verbunden, daß bei den Bariai der sittlich unbescholten verstorbene Mensch im Jenseits den Ehrennamen „Gotteskind“ führt.

E Nut nennen die Sulka an der Wide Bay ihren Schöpfergeist. Er lebe aus sich allein und sei selbst unerschaffen. Weder wo er wohne noch wie er aussehe, wisse man. Aber er sei ein persönliches Wesen; das drückt der Artikel *e* aus, der Eigennamen vorbehalten ist. Er habe alles aus dem Nichts geschaffen. Wie das geschehen sei, wollen die Worte erklären: „E Nut hat alle Dinge hervorgebracht durch Sagen, durch sein Wort!“

Der Mythos will nicht nur Antwort geben auf die Frage nach dem Ursprung des Lebens und dessen Gestaltung. Auch der Katastrophe des menschlichen Todes sucht er einen Sinn zu geben. Er will den Ursprung des Todes beschreiben und auf diese Weise dessen Unheimlichkeit mildern. Dieser intellektuelle Versuch tritt der Angst vor dem Tod entgegen, die aus der Verdrängung lebensbestimmender, aber unbeantworteter Sinnfragen folgen kann. Das erklärende Wort nimmt dem Grauenvollen die Sinnlosigkeit, das Entsetzen kann dem Verstehen weichen.

Die Melanesier erzählen einen Mythos, der die Entstehung des Todes sich unmittelbar an die Erschaffung des Menschen anschließen läßt:

Quat hatte soeben die ersten drei menschlichen Paare geschaffen. Nun war auch da ein anderer Geist *Marawa*, der das Vorgehen beobachtete. Er wollte selber auch Menschen schaffen. Er gestaltete dann menschliche Wesen, auf dieselbe Art und Weise, wie Quat selbst ihm vorgetan hatte. Dann vergrub er sie im Wald unter Blättern und Zweigen in einer Mulde. Als nun nach sieben Tagen Marawa sie aus der Grube ziehen wollte in der Erwartung, daß sie nun lebendig würden, fand er sie regungslos und zerfallen.

Ungeschicklichkeit, ein gescheiterter Versuch, vielleicht auch die Anmaßung von Zuständigkeit und Macht, habe den Menschen das Gesetz der Sterblichkeit auferlegt.

Meist jedoch stellt der Mythos einen Bezug des Todes zur zyklischen Mechanik der Welt her. Der Tod wird dann zum Gegenstück der fortdauernden Unsterblichkeit – sei es, daß sie auf einer immer möglichen Verjüngung des einzelnen Menschen wie in mythischer Zeit beruhe, sei es, daß die menschliche Art durch die Fortpflanzung bewahrt bleibe.

Die Beständigkeit eines Zustandes könne nur Schaden einbringen, wohl mißachte der Wunsch nach immerwährender Dauer die Erfahrung – diese Auffassung können uns die Melanesier anhand zweier Mythen vor unserem Aufbruch zur Weiterreise erkennen lassen:

Damals konnten die Menschen sich verjüngen und so dem Tod entgehen. Diese Möglichkeit der Verjüngung ging an jenem Tag endgültig verloren, an dem eine Mutter, die in Gestalt eines hübschen Mädchens nach Hause zurückkehrte, von ihrem eigenen Kind nicht mehr erkannt, von ihm begehrt wird und zur Frau genommen werden soll. Voller Verzweiflung nimmt sie da ihre alte Haut wieder an und verzichtet auf die Unsterblichkeit.

Der Demiurg *Quat* erkennt in dem zweiten Mythos das Unheil der Unsterblichkeit und schafft Abhilfe.

Weil die Menschen sich bis ins Unendliche vermehren und die alten Menschen unsterblich bleiben konnten, konnte es so kommen, daß die jüngeren Generationen durch die Selbstsucht ihrer Vorfahren zur Armut verdammt wurden. Der Tod war also notwendig, um die Anhäufung von Reichtümern zu verhindern und die regelmäßige Verteilung der Güter zu sichern. Nur der Wechsel zwischen Leben und Tod, Zeugung und Sterblichkeit kann den Menschen vor dem Chaos retten und gedeihliche Ordnung bescheren.

Aus Früchten und Blüten kommt der Mensch

Schöpfungsmythen der Negrito Asiens

Unsere Reiseroute führt uns nun zu den Negrito Asiens. Sie zählen zu den ältesten Kulturvölkern des asiatischen Erdteils.

Drei Völkerschaften bilden die Gesamtheit der Negrito*: Die Aeta nennen die Philippinen ihre Heimat, die Andamaner bewohnen eine Inselkette im Golf von Bengalen, die Semang Malaya.

Alle Negrito sind in den Grundzügen Wildbeuter südostasiatischer Prägung. Vom Wildbeutertum aus hat sich die Kultur der verschiedenen Gruppen unterschiedlich entwickelt – teils unter dem Einfluß klimatischer Verhältnisse, teils unter der Einwirkung fremder Völker, weshalb die Andamaner die höchstentwikkelte Wirtschaftsform aller Negrito erreicht haben.

Werfen wir einen Blick auf die Grundzüge der negritischen Wildbeuterkultur:

Ausgerüstet mit dem Rucksack oder dem primitiven Korb und dem Grabstock durchstreifen die Negrito die Vegetation auf der Suche nach Nahrung. Sie gehen mit Pfeil und Bogen auf die Jagd, stellen dem Wild Fallen, speeren den Fisch und sammeln den wilden Honig. In Bambusröhren oder auf heißen Steinen kochen, rösten oder dünsten sie Fleisch und Fisch am oder im offenen Feuer. – Der Negrito wendet Techniken an, sonst ungenießbare Knollen zu entgiften. Er pflegt die Kenntnisse und den Gebrauch von Medizinalkräutern. Seine Schmuckkleidung besteht aus Vegetabilien wie auch der Zierat seines Körpers, den er außerdem mit Bemalung versieht. Zur Behausung dient ihm der Windschirm. Die Hausgeräte fertigt er aus Bambus, auf einfache Weise flechtet er Rückenkörbe zum Transport. – Beim Tanz

* Siehe Paul Schebesta, Die Negrito Asiens, Bd. II, Wien 1954 und 1957.

und zur Begleitung von Rezitationsgesängen schlagen die Negrito Rohre aus Bambus im Rhythmus.

Innerhalb des angestammten Sippengebiets, in dem der Negrito jagt, fischt und sammelt, finden wir das Nomadentum, das jedoch bei allen Völkerschaften Einschränkungen erlitten hat.

Soweit die Erläuterungen der Völkerkunde. – Wir fächern nun den Mythenschatz der Negrito Asiens nach seinen Themenbereichen auf: Ursprung der Welt (Kosmogonie), Ursprung des Menschen (Anthropogonie) sowie der Tiere und Pflanzen, Weltbild und Götter.

„Am Anfang war Wasser und nur Wasser; wohin man blickte, war nur Wasser (das Urmeer) zu sehen!"

Von der Bedeutung des Wassers als Element der Fruchtbarkeit haben wir schon gehandelt; hier aber deuten wir das Wasser eher als Symbol des Urchaos, dem die Bedeutung als Urmaterie beigesellt ist.

Eine Variante dieses Mythos will erklären, woher das Wasser ursprünglich gequollen sei:

„Am Anfang hauste Ya Ku-ung (das Urwasser) im Osten an den Quellen des Perakflusses. Dort lag auch ein Drache. Damals floß der Fluß durch die Welt-Berghöhle westwärts und mündete in die See, wo die Sonne untergeht. Nun befahl Ya Ku-ung ihren zwei Urenkeln, sieben Tage, sieben Fruchtzeiten und sieben Jahre hindurch sich zu bemühen, den Drachen entzweizuschlagen. Das taten sie auch ... Nachdem sie den Drachen entzweigehauen hatten, trat das Wasser zurück, der Fluß änderte seinen Lauf, die Erde zerschmolz. Das Wasser schwemmte auch die beiden Enkel hinweg. Nach sieben Jahren jedoch kehrte das Wasser zurück und mit ihm die beiden Enkel."

Der Drache ist *das* Urwassertier und durchweg Verkörperung des Chaos als häßliches, in seiner Gestalt der Natur widersprechendes Mischwesen. Ist der Drache besiegt, so ist der Weg freigelegt für schöpferische, ordnende Kräfte.

Häufig erklärt man die Zahl sieben astrologisch aus der Vierteilung des 28tägigen Mondumlaufs oder der kosmischen Ordnung der sieben Sterne bei großem und kleinem Bären. Sieben ist jedenfalls eine Zahl, die hier Ganzheit und Fülle, dort Ordnung und Glück, endlich Totalität und Vollkommenheit anzeigen kann.

Auf dem Urmeer schwamm die Schildkröte mit ihren beiden Enkeln. Die Schildkröte schickte einen ihrer Enkel aus, um einen Rambutanast zu holen. Nach einem gescheiterten Versuch gelang es dem Enkel, einen Zweig vom wilden Rambutanast zu bringen. Die Schildkröte stieß den Zweig durch das Wasser bis in den Rücken des Meeresungeheuers (man verglich dieses mit einem Wasserelephanten). Nachdem das Tier durchstoßen war, versiegte das Wasser mehr und mehr; das Wasserbett wurde sichtbar, doch es war noch nicht die Erde.

Der Mistkäfer brachte aus dem Schlamm die Erde hoch.

Hier begegnet uns das vorhin beschriebene Drachenmotiv in Abwandlung wieder: Ein monströses Wesen als Inbegriff der Macht, Herr über der weiteren Entwicklung hinderliche Wirkungen, muß den Weg für neue, schöpferische Kräfte freigeben. Mit der Vernichtung des Monsters ist auch die hemmende Macht des Wassers gebrochen.

Der Glaube der Völker verbindet die Kröte oft mit dem Wasser, der Feuchtigkeit und schließlich der Fruchtbarkeit der Erde wie auch der Menschen.

Das sogenannte Erdtauchmotiv ist charakteristisch für die Mythenwelt Asiens: Das Vorhandensein des Wassers wird zumeist vorausgesetzt – wie in Afrika das der Erde. Nun muß ein Tier im Wasser tauchen, um etwas Schlamm oder einen Erdklumpen aus der Tiefe an die Oberfläche zu holen. Aus diesem Material wird dann das Land geschaffen.

Auch in Spielarten dieses Mythos läßt der Mistkäfer die Erde erscheinen. So wälzt er einen winzigen Erdklumpen aus dem Urwasser hervor; oder er zieht die Erde aus dem Urschlamm, und die Sonne, die schon da ist, trocknet die Erde aus.

Die aus dem Schlamm gezogene Erde wächst immer höher. Sie besteht aus lauter Hügeln. Der Tentad'n-Vogel hüpft auf der Erde umher und glättet durch das Wippen seines Schwanzes die Hügel, so daß bewohnbares Land zwischen den Bergen und Hügeln entsteht. – In einer Variante tritt der Bär die Gebirgslandschaft der Erde nieder, so daß Täler zwischen den Bergen entstehen.

Der Himmel war schon da, zugleich mit dem Demiurgen und den anderen Mitarbeitern. Nach der Entstehung der Erde sorgte der ćêbreb (Vogel?) daür, daß das auf der Erde lastende Firmament in die Höhe gehoben wurde. – Andere Mythen erzählen, die Erde sei schon halbwegs zum Himmel emporgewachsen. Da hätte der älteste Enkel der Schildkröte, der Demiurg Ta Ped'n, eingreifen müssen, um diesem chaotischen Wachstum Einhalt zu gebieten.

Laut einer anderen Spielart war die Erde zuerst nur aus Staub aus dem Urmeer hervorgetreten. Der Bär hatte sie niedergestampft. Hätte er es nicht getan, dann wäre die Erde bis zum Himmel gewachsen.

Der jüngere Enkel der Schildkröte zerbrach beim Fischen die Angelrute und steckte beide Teile in den Boden. Sie wurden zu zwei Bergen.

Damals wohnte der Demiurg Ta Ped'n im Firmament. Als er die Erde sah, die nun anfing zu grünen, weil sie alle Samen in sich trug, stieg er auf sie herab. Er schuf dort die Menschen ... zog sich dann aber wieder in den Himmel zurück.

Die Mythen beschreiben uns oft nicht genau die Art und Weise der Erschaffung des Menschen. Die Menschen sind eben da, sie verdanken ihr Dasein irgendeinem Schöpfungsakt. Oder der Mythos nimmt von ihrer Anwesenheit Notiz, ohne sich über ihre Herkunft zu äußern.

Auch die Existenz eines ersten Menschen*paares* setzten manche Mythen ohne weitere Erklärung voraus. Man erzählt, wie es dazu kam, daß die Menschen aus diesem ersten Paar entstanden sind. Das erste Paar wußte nicht, wie man durch den geschlechtlichen Beischlaf Kinder zeugen kann. Die Frau sah, daß die Tiere Junge haben, und sie sehnte sich nach Kindern. Der Kokosnußaffe lehrte die Menschen die Zeugung. So brachte das erste Menschenpaar schließlich einen Knaben und ein Mädchen zur Welt, die dann heirateten und weitere Kinder hatten.

Manche Mythen machen aus dem ersten Brüderpaar, den Enkeln der Schildkröte, auf dem Urmeer Bruder und Schwester. Die beiden Berge, die aus der zerbrochenen Angelrute entstanden sind, symbolisieren dann den Bruder und die Schwester:

„Das erste Geschwisterpaar stieg auf den Berg und lebte dort lange Zeit. Schließlich entschlossen sie sich zur Ehe und zeugten Kinder, bis sie so viele waren, daß sie vom Berg herabsteigen mußten und sich zerstreuten, woraus dann die verschiedenen Völker wurden ...“

Geschwisterehen können wir in den Urstandsmythen häufiger finden. Wir dürfen nun jedoch nicht den Fehler begehen, solche Ehen für in der Urzeit üblich zu halten; denn die Forscher haben nachweisen können, daß das Verbot der Blutschande bei den meisten Naturvölkern bis auf früheste Zeiten zurückgeht. Die Erklärung leuchtet ein, der Mythos müsse die Herkunft des Menschen auf ein Geschwisterpaar zurückführen, um in sich selbst stimmig zu bleiben; denn das von übermenschlichen Wesen gezeugte Urpaar muß ja schlüssigerweise miteinander verschwistert sein.

Bemerkenswert dürfte sein, daß der Mythos bisweilen die Heirat als Voraussetzung für den Geschlechtsverkehr schildert.

Andere Mythen sprechen von dem Ursprung des Menschen aus Früchten:

Der Demiurg Ta Ped'n und seine Frau stiegen auf die Erde nieder. Einmal träumte die Frau von einem Kinde. Der Demiurg pflückte eine Frucht und legte sie in den Lendenschurz seiner Frau. Die Frucht wurde zu einem Kind, das zu schreien begann. Es war ein Knabe. Das zweite auf diese Weise gezeugte Kind war ein Mädchen. Aus der Ehe der beiden kamen viele Kinder.

Varianten erzählen, die Kinder hätten sich in Früchten befunden; Mann und Frau hätten Kinder durch das Zerreiben von Blüten erschaffen; oder sie hätten Kinder entstehen lassen, indem sie Früchte in Matten eingewickelt hätten.

Die Frucht symbolisiert selbstverständlich Fruchtbarkeit und Leben. So verbindet der Mythos die menschliche Fruchtbarkeit mit der Fruchtbarkeit der Pflanzenwelt. Der direkte Bezug der menschlichen Vermehrung zur Vegetation ist typisch für den Glauben der Semang; denn die Himmelswesen essen nicht und zeugen nicht wie die gewöhnlichen Menschen, weshalb dem Mythos hierfür auch die Begriffe fehlen.

Wie wir sehen, gehören die Urahnen der Menschen in diesen

Mythen eigentlich der göttlichen Welt an. Die „normalen" Menschen sollen sich dann nach den menschlichen Gesetzen fortpflanzen aus dem ersten menschlichen Urpaar, das aus den Göttern hervorgegangen sei, den Unsterblichen.

Daß die Entstehung der Menschen das Ergebnis der Zeugung aus einem ersten Menschenpaar sei, dem wiederum von einem göttlichen Paar das Leben geschenkt worden sei – diese Vorstellung finden wir auch in anderen negritischen Mythen:

Der Demiurg Ta Ped'n und seine Frau gingen in den Wald. Da machte der Demiurg eine Lehmfigur und hüllte sie in eine Matte. Daraus wurde am nächsten Tag ein Mädchen. Derselbe Vorgang brachte einen Knaben. – Dieses Paar gilt nun aber nicht als direktes Ahnenpaar der Menschen. – Aus diesem Paar entstand wiederum ein anderes Paar, das erste Menschenpaar. Dieses letzte Paar ging auch in den Wald. Dort fanden sie eine Blume mit einem Stein darin, der zu einem Mädchen wurde. Das Mädchen wuchs rasch zu einer Frau, welche nun ihrerseits in den Wald ging. Sie pflückte eine Blume mit einem Stein darin. Daraus wurde ein Knabe. Beide wurden ein Paar und setzten Kinder in die Welt.

Oft bringt der religiöse Mensch den Stein wegen seiner Härte und Unveränderlichkeit mit ewigen, unveränderlichen Mächten in Verbindung und versteht ihn so als Ausdruck geballter Kraft. Aber trotz dessen Härte sieht der Glaube der Völker den Stein durchweg nicht als Starres, Totes, sondern als Lebensspender. Die Religionsgeschichte berichtet uns, daß unfruchtbare Frauen, die sich Kinder wünschten, bestimmte Steine berührten; vor allem Meteoriten galten als Fruchtbarkeitsbringer und Regenspender.

Die Blume ist im Mythos als Seelenträger bekannt. Natürlich kann sie den Frühling, das Wachstum, die Schönheit symbolisieren. Wir dürfen wohl annehmen, daß die Symbolkraft der Blume in unserem Mythos das Entstehen des Menschen fördern soll.

Das Motiv des lebenspendenden Steines taucht in einer Spielart wieder auf: Kêto' schuf ein Brüderpaar. Diese haben Steine und Felsen gemacht. Aus den Steinen und Felsen wurden Menschen.

Ein anderer Mythos beschreibt, wie der Demiurg Ple die Menschen erschaffen habe und der höchste Gott Karei sie belebt habe:

Karei war der höchste Gott über alles, er hat alles geschaffen außer der Erde. Als er glaubte, daß sie geschaffen werden sollte, schickte er Ple herab, es zu vollbringen, und Ple schuf die Welt und alles darin. Nachdem nun Ple die Menschen geschaffen und Karei sie belebt hatte, indem er ihnen Seelen gab, blieb Ple eine Zeitlang unter den Menschen.

Der Schöpfer Ple ist identisch mit der Gestalt des Ta Ped'n. – In der Erwähnung, Ple sei nach der Beseelung eine Zeitlang unter den Menschen geblieben, können wir das uns nun schon bekannte Kulturbringer-Motiv erkennen. – Dieser Mythos verschweigt uns, wie die Erschaffung des Menschen im einzelnen vor sich gegangen sei; die Überlieferung scheint eine Beschreibung dieses Vorgangs nicht für wichtig zu halten, sondern mißt einer Schilderung der Beseelung höheren Wert zu: Die Leibesfrucht wird durch eine Seele belebt, die sich in einer Baumkrone befindet, unter der sich Karei aufhält. Karei schickt sie durch einen Hala'-Vogel in den Mutterleib.

In der Urzeit bildeten Menschen und Tiere eine Einheit. Zur Zeit der Erschaffung des Menschen gab es noch keine Tiere. Dann verwandelte der Demiurg Ta Ped'n einen Teil der Menschen, über deren Verhalten er erbost war, in Tiere. Eine Überlieferung erzählt uns, der Demiurg sei erbost gewesen, weil die Menschen das Blutopfer verweigert hätten.

Bisweilen schildert der Glaube der Semang, verschiedene Tierarten seien aus dem zerstückelten Leib eines anderen Tieres entstanden. So habe sich der Lugong-Affe in einen Tiger verwandelt, um sein Junges zu verteidigen und dessen Tod zu rächen. Er sei erschossen und sein Leib zerteilt worden; die Teile seines Leibes seien in alle Himmelsrichtungen geworfen worden: „Daraus entstanden verschiedene Tiere: Hirsch, Kejang, Elefant usw. Aus den Augen wurde aber der Tiger, aus den Augenlidern der Vogel Klang (Adler)."

Der menschenähnliche Affe trägt hier sozusagen die Rolle eines Stammvaters der verschiedenen Tiere. Wir können zumindest eine Anspielung auf die Verwandlung von Menschen in Tiere erkennen.

Auch die Pflanzen läßt der Mythos manchmal aus einem zerstückelten Tierkörper entstehen. Ein Mythos erzählt, aus dem Blut einer Taube sei der Reis hervorgegangen, aus ihrem Herzen die Turteltaube, aus ihren Ohren die Sireh-Rebe, aus ihrem Rücken das Zuckerrohr, aus ihrem Kopf die Kokosnuß, aus ihren Zehen die Kletterbohnen, aus ihrem Schopf die Zwiebeln, aus ihrem Gehirn der Kalk, aus ihren Augen Areka-Nüsse.

Andere Erklärungsversuche lassen den Demiurgen oder andere Himmelswesen durch einen ausdrücklichen Schöpfungsakt die Pflanzen schaffen:

Als die Erde aus dem Urwasser hervorgekommen war und sich entwickelt hatte, hatte sie schon von Anfang an die Samen der Pflanzenwelt getragen. Die Samen gingen dann auf.

Der Schöpfungsgedanke wird nun deutlicher zum Vorschein kommen, wenn der Text uns weiter erzählen wird, daß Ta Ped'n alle Fruchtbäume habe werden lassen:

Er machte das rankel, *das Weltgerüst, in das er Schößlinge aller Fruchtsorten einsetzte und dann die Fruchtdolden blühen ließ. So entstanden die Fruchtzeiten. Ta Ped'n hatte also im Firmament die Fruchtbäume erschaffen, auf Erden aber entstanden sie in der Weise, daß die Blüten der himmlischen Bäume zur Erde fielen, woraus dann auf Erden Fruchtbäume wurden.*

Von der Art und Weise, wie die Fruchtbäume auf die Erde gelangt seien, handeln verschiedene Erzählungen: Die Himmelswesen essen im Himmel die Früchte und saugen sie aus, und die Schalen und Kerne fallen zur Erde; oder aus den Schalen wachsen Blumen und aus den Kernen Früchte. – In einer Variante stiehlt Manoij, die Frau des Demiurgen, Früchte aus dem Garten ihres Mannes und wirft sie auf die Erde hinunter, die dadurch später Fruchtbäume tragen wird.

Die Semang glauben, der Felsberg *Rib'm* sei Mittelpunkt der Welt. Er schlage eine Verbindung zwischen Himmel und Erde.

Die Suche nach diesem wunderbaren Berg führt uns an die

Grenze zwischen Perak und Kelantan, an die Quellen des Tadoh. Unvermittelt ragt der 200 m hohe Berg aus der Ebene heraus. Strauchwerk und Bäume bilden seinen Bewuchs. Zwei mächtige Grotten liegen in ihm stockwerkartig übereinander. Wir klettern hinauf in die obere Grotte. Hier streichen die gläubigen Menschen mit der Hand über die feuchte Felswand und dann über die Stirn; sie glauben, die Kalkfarbe des Felsinneren könne Kopfweh heilen.

Fragten wir einen dieser Menschen, welche Bedeutung denn der Felsberg trage, so könnte er uns antworten:

Aus diesem Felsberg wuchs ein Stamm, der bis zum Himmel reichte. Ta Ped'n hat mit Hilfe seines Bruders auf die Spitze des Stammes das *rankel* gesetzt, eine Art Drehscheibe, in die er sechs Lianen einsetzte, die nach allen Richtungen zur Erde hinabhingen. Am Ende der Lianen hängen die mächtigen Fruchtdolden verschiedener Fruchtarten. Weil sich das rankel jedes Jahr einmal um seine Achse dreht, kommt abwechselnd jede der sechs Fruchtdolden über das Land der Semang zu hängen, zu den verschiedenen Fruchtzeiten.

Der Stamm, auf dem das rankel ruhte, wurde allmählich morsch, und heute gibt es ihn nicht mehr. Jetzt hängt das rankel aber nicht frei in der Luft, sondern Lianen halten es fest. So kann es sich wie früher weiter im Kreis drehen, sonst wäre die Katastrophe da. Daher leben die Menschen in ständiger Furcht davor, das rankel könne eines Tages nicht mehr richtig funktionieren ...

Zwei Hüterinnen wachen über die Fundamente des Felsberges; sie wohnen in Grotten, die eine im Osten, die andere im Westen.

Unter dem Felsberg liegt der Blutsee, in dem sich das Tabublut sammelt, das die Gläubigen beim Blutopfer auf die Erde gießen.

Einige Semang kennen einen nur einschichtigen, andere einen drei- und siebenschichtigen Himmel.

Der dreischichtige Himmel berge folgende Bewohner: Im oberen Himmel wohnten die höheren Himmelswesen. Den mittleren Himmel bewache ein riesengroßer Hundsaffe, der Eindringlinge mit stacheligen, harten Früchten bewerfe, um sie in die Flucht zu schlagen. Der untere Himmel beherberge nur brodelnde Wolkenmassen, die den Menschen Krankheit brächten. – In allen Schichten des Himmels gedeihten Fruchtbäume.

In der Vorstellung vom siebenschichtigen Himmel zählen wir die Sonnenbahn, die Mondbahn, den Wohnort Ta Ped'ns und vier weitere Schichten, in denen die Himmelswesen wohnen. Am östlichen und westlichen Horizont klaffen Felsenhöhlen, durch die Sonne und Mond auf- und untergehen. Die Höhle im Osten bewachen eine Kuh und ein Kalb, die unter der Obhut Ta Ped'ns stehen; die Höhle im Westen bewacht ein Stier unter dem Schutz der Erdgöttin Manoij.

Neben Ta Ped'ns Haus liegt die Wohnung des Gottes Karei. Blitz und Donner pflegen unter dieser Wohnung einzusetzen.

Nach dem Glauben der Semang wohnt Ta Ped'n im Licht. Das Reich der Finsternis und der Winde liege in der Gegend über dem Himmel.

Wir haben des öfteren den Namen Ta Ped'ns erwähnt und auch den Namen des Donnergottes Karei. Nun soll die Stellung dieser beiden Gottheiten zueinander geklärt werden.

Manche Mythen verwischen die Unterschiede zwischen beiden Gottheiten, und zwar derart, daß man annehmen möchte, Karei und Ta Ped'n seien ein und derselbe Gott.

Wir kennen aus dem Volksglauben der Semang jedoch Aussagen, die einen deutlichen Unterschied zwischen beiden beschreiben:

Bei den einen sind Karei und Ta Ped'n ein Brüderpaar. Karei ist der ältere Bruder. Bei den anderen ist Ta Ped'n bereits Kareis Sohn, und er rivalisiert sogar mit Karei.

In anderen Erzählungen steht dem Donnergott der gute Demiurg Ple (= Ta Ped'n) zur Seite. Die Donnergottheit heißt Karei oder auch Enku', und neben ihr wirkt ein gütiger Kulturbringer. In dieser Vorstellung gilt Karei, dieser schauerliche und meist auch gefürchtete, vielfach gehaßte Donnergott, als Eindringling. Die Semang, die vor ihm zittern, bezeichnen ihn gelegentlich in gehässiger Weise als „wildes Tier“ und ähnliches.

Wir haben schon erwähnt, daß Karei einen anderen Ort am Himmel bewohnt als Ta Ped'n.

Schließlich kennen manche Semang in ihren Erzählungen von

den Himmelswesen den Gott Karei überhaupt nicht. Sie bringen die himmlischen Wesen nur mit Ta Ped'n in Verbindung.

Der Mythos hat erzählt, daß die Schöpfung von dem Weltbaumeister Ta Ped'n gewirkt wurde. Von Karei sprechen die Schöpfungsmythen kaum. Wenn wir nun feststellen, Karei stehe jetzt im Vordergrund des Semang-Glaubens, er sei die aktivere Gottheit, so müssen wir von dieser Tatsache aus auf eine Verschiebung des Gottesbegriffs schließen – eine Erscheinung, die aus vielen anderen Religionen bekannt ist: Das Höchste Wesen wird von einer Gottheit verdrängt, die aktiver ist und der Menschenwelt näher steht. So werden Himmels- und auch Sonnengottheiten in den Hintergrund geschoben, und an ihre Stelle tritt dann eine Wettergottheit, eine Sturmgottheit – in unserem Fall Karei, der Donnergott.

Wenn nun die Religionswissenschaft Verschiebungen wie diese in den religiösen Vorstellungen der Völker feststellt, so kann sie aus diesem Material Gesetzmäßigkeiten filtern: Eine Gottheit nimmt nur so lange eine beherrschende Stellung im religiösen Bewußtsein ein, wie sie den Gläubigen nahezustehen scheint, für das tägliche Leben wichtig zu sein scheint. Eine nur ruhende, ferne Gottheit, die in keiner Weise für den Lebensvollzug entscheidend ist, spielt im religiösen Alltag allenthalben eine Nebenrolle. Dementsprechend wird sich auch die Verehrung, der Kult, weg von ihr auf mehr handelnde Gottheiten ausrichten.

Karei, die personifizierte Naturerscheinung, konnte also die früher lebendige Himmelsgottheit Ta Ped'n an den Rand des religiösen Bewußtseins drängen, so daß nun er die erste Stelle einnimmt.

Ta Ped'n bleibt zwar weiterhin auf dem Plan, er beeindruckt Gemüt und Phantasie der Eingeborenen aber nicht in dem Maß wie der gefürchtete Donnergott Karei. Neben dem drohenden, dem bösartigen Donnerer verehren die Semang weiter den gütigen, helfenden Ta Ped'n. Die Gottesvorstellung der Semang beinhaltet jetzt eine zweifache, gegensätzliche Auffassung, die sich daraus nährt, daß neben Ta Ped'n früher ein jüngerer, an Macht ärmerer Bruder gestanden habe. Nun aber steht Ta Ped'n neben dem fürchterlichen Karei.

Die Vorstellung läßt Ta Ped'n im Himmel wohnen, im Sonnenlicht am Firmament, auf der Sonnenbahn. Er sei bei der

Sonne – er sei in der Sonne. Schließlich setzt der Glaube ihn mit dem Tageslicht gleich, mit der Sonne, oder gar mit dem Licht überhaupt; der Glaube verehrt dann die Sonne und den Mond als Ta Ped'ns Augen.

Darum leuchte er in seiner hellen Hautfarbe, er glänze und sei heiß wie die Sonne, so daß ihm niemand nahe kommen könne.

Ursprünglich habe Ta Ped'n wie alle Sonnengottheiten in den Religionen als Gewittergott gewirkt. Aber die Semang haben die schaurigen und beängstigenden Wesenszüge, die im Gewitter, Sturm und jedem Unwetter liegen, später von Ta Ped'n auf Karei übertragen. Nun erscheint Ta Ped'n in milderen Zügen.

Über seine Herkunft weiß der Glaube der Semang wenig. Er sei immer oben in der Sonne gewesen, als die Erde sich gebildet habe. Er sei unsterblich. Er sei auch Demiurg. Mit seinem Bruder sei er auf dem Urwasser geschwommen. Er sei vom Himmel auf die Erde herab gestiegen, als die Erde sich aus dem Urmeer geformt habe. Dann habe er die Erde eingerichtet, die Pflanzen geschaffen, einen Teil der Menschen in Tiere verwandelt. Aus Ärger über die Menschen sei er später wieder zum Himmel emporgestiegen.

Ta Ped'n beherrscht das Firmament, seine Untertanen im Himmel sind die *Cenoi,* die Himmelswesen. Auf Erden sind seine Untertanen die Menschen.

Versuch und Irrtum führen zum Erfolg

Sibirische Schöpfungsmythen

Bevor wir nun die Sibirier besuchen, um von ihrem Weltbild und Schöpfungsglauben zu hören, soll uns die Ethnographie kurz und bündig lehren, welche Stämme sie mit dem Sammelbegriff „Sibirier" faßt.

Bis zur Ankunft der Russen hatten drei bis vier größere Stämme das gewaltige Gebiet Sibiriens unter sich aufgeteilt.

Im Westen wohnten finnisch-ugrische Stämme in der Ebene des Flusses Ob. Nördlicher davon hatten die Samojeden ihre Heimat.

Im Süden, in dem Altai, der Ebene von Minusinsk, dem Sajangebirge und dem Gebiet des Baikalsees wohnten türk-mongolische Völkerschaften.

Eines dieser Völker, nämlich die Jakuten, hatte sich am Mittelauf der Lena niedergelassen und dehnte sich von dort in einzelnen Zweigen nach Nordosten und Nordwesten aus. Die Tungusen – sie stehen sprachlich den Türk-Mongolen nahe – haben sich über ganz Sibirien verstreut und berühren sich im Westen sogar mit den Ugriern und im Nordosten mit den Tschukschen.

Die Forscher fassen einige Stämme unter der Bezeichnung „Paläo-Sibirier" zusammen, obwohl diese nicht miteinander verwandt sind; die Bezeichnung bezieht sich allein auf das gemeinsame höhere Alter dieser Stämme. Sie sollen zudem ihre Religion und ihre kulturelle Eigenart erfolgreicher bewahrt haben als die anderen sibirischen Völkerschaften, die sich inzwischen zum russisch-orthodoxen Christentum, im Osten besonders zum Lamaismus und vor allem im Westen zum Islam bekannt haben. Zu den Paläo-Sibiriern zählen die Jenissejer, Giljaken, Kamtschadalen, Korjaken, Tschuktschen und Jukagiren des Nordostens.

Wir können erkennen, daß das Weltbild der Sibirier die Erfahrung der Welt in der eigenen Kulturstufe wie mit einem Spiegelbild zurückwirft. Deshalb dürfen wir das Weltbild der südsibirischen Türkvölker und Mongolen großviehzüchterisch-hirten-nomadisch nennen. Dagegen zeigt uns das Weltbild der Nordsibirier vielfach noch den Charakter einer Jägerkultur, die an Wasser und Wald gebunden ist.

Die Sibirier glauben, die Welt bestehe aus drei Teilen: der Erde, dem Himmel als Oberwelt und der Unterwelt.

Die Völkerschaften am Unterlauf des Flusses Jenissei denken, die Erde läge schräg nach Norden zu, weil der Fluß von Süden her fließt und sich ins Nordmeer ergießt. Die südliche Richtung betrachten sie als „obere", die nördliche als „untere" Richtung; zugleich läge der Süden „vorn", der Osten aber „hinten".

Andere Völkerschaften halten den Osten für die nach vorn gelegene, den Westen für die nach hinten gelegene Richtung.

Das Weltbild ist also eindeutig durch die Beziehung der Menschen zum Sonnenaufgang und -untergang geprägt. Diese *Solarorientierung* erhält im Kult große Bedeutung; denn der Gläubige wendet sich beim Opfer und Gebet nach Osten, wenn er den Himmel oder obere Wesen ansprechen will, aber nach Westen, wenn er mit der heiligen Handlung die Mächte der Unterwelt verehren will.

Orientiert sich die Vorstellung an den vier Himmelsrichtungen, dann gilt die Erde als viereckig. Wenn der Eingeborene aber eher den Himmelshorizont zum Maß nimmt, glaubt er sich auf einer kreisförmigen Erde. Entsprechend können wir auf dem Kostüm des Schamenen – des Propheten und Krankenheilers des Stammes – das Bild der Erde oft als runde oder als viereckige Eisenplatte erkennen.

Die Ostjaken und Wogulen meinen, ein hoher Bergring – das Uralgebirge – umgäbe die Erde.

Die Keten am Fluß Jenissei glauben, ihr wichtigster Heimatfluß durchzöge die ganze Welt. An ihn und seine Nebenflüsse verlegen sie die Heimat aller Völker der Erde. Der Fluß Jenissei ströme von einem himmelhohen Berg herab, oder auch vom Himmel selbst her, aus dem großen See der sechsten Himmelsschicht. Unter der Erde lebe ein Mammut, ein Hund oder ein mythisches Ungeheuer. Das Tier verursache mit seinen Bewegungen das Erdbeben.

Bei den Samojeden finden wir eine Überlieferung, nach der eine menschliche Gestalt die ganze Erde trage – ähnlich dem griechischen Mythenriesen Atlas.

Einige Völker am Altaigebirge haben sich den Himmel als ein kosmisches Zeltdach vorgestellt, das die Erde bedecke. Diese Vorstellung können wir auch in der Mythologie des alten Vorderen Orients entdecken. Die Sterne gelten gelegentlich als Löcher im himmlischen Zeltdach.

In ganz Nordasien glauben die Stämme, der Himmel oder das Himmelszelt hebe und senke sich. Die Tschuktschen erklären mit dieser Himmelsbewegung das Entstehen der Winde: Zwischen dem Himmels- und Erdrand befinde sich ein Spalt, der sich verbreitere oder schließe, je nachdem sich der Himmelsdeckel hebe oder senke. Öffne sich der Spalt zu weit, dann ströme durch ihn ein heftiger Wind ein. Wenn das Himmelszelt, einem Vorhang ähnlich, sich bewege, dann könnten die schnellen Zugvögel unter ihm hindurchschlüpfen, aus der Menschenwelt in das ferne Sagenland. – Darum heißt diese Öffnung „Vögeltor".

Der Himmel bestehe aus nicht nur einer Schicht; die Mythen und die Sagen der Volksdichtung sprechen oft von drei, sieben oder neun Himmelsschichten. Auch die Zeremonien, welche die Himmelfahrt des Schamanen darstellen wollen, setzen drei oder sieben Schichten des Himmels voraus.

Der Volksglaube verbindet alle Schichten mit Öffnungen, die der Polarstern bilde. Man meint, die Geister und Schamanen, auch die Helden verschiedener Sagen, benutzten die Öffnungen auf ihren Wegen von einer Schicht zur anderen.

Die Samojeden im Kreis Turuschank dachten sich in der ersten Himmelsschicht einen See, in der zweiten ein ebenes Feld, die dritte voller nebeneinander liegender vulkanartiger Hügel, das „Dach" der vierten wie mit kleinen Eiszapfen bedeckt, die also auf dem Boden der fünften Himmelsschicht ragten, und in der sechsten einen mächtigen See, aus dem der Fluß Jenissei entspringe.

Nach den Keten wölbt sich unter der Erde eine Riesengrotte, die sieben untereinander liegende Schichten berge. Ihr Dach bilde die von den Menschen bewohnte Erde. Über der Erde diene der Polarstern als Kommunikationsloch zwischen den Himmelsschichten – unter der Erde ermögliche nun ein Loch in jeder Schicht den Übergang; alle Löcher lägen genau übereinander.

Müßig zu sagen, der Aufbau des Himmels der Sibirier ähnele ihrer Unterwelt …

Auf Wahrnehmungen in sternklaren Nächten gründet sich die Auffassung, das Himmelsgewölbe drehe sich um einen Mittelpunkt am Polarstern. Desgleichen rotiere die Erde um einen Punkt, nämlich den Erdnabel. Drehstützpunkt der Unterwelt schließlich sei die Weltsäule. – Diese Grundvorstellungen haben die Sibirier in verschiedenen Ausformungen wachsen lassen.

Die Samojeden haben den Polarstern „Himmelsnagel" genannt; bei den Tschuktschen und Korjaken heißt er „Nagelstern". Die Deutung malt ihn als himmlischen Hirten, der die Sterne hüte, sein „Vieh".

Die ganze Welt drehe sich um eine Riesensäule oder Weltachse; auf ihr ruhe der vielschichtige Himmel in seinem drehenden Lauf. Die Orotschonen nennen diese Achse „goldene Säule", die Ostjaken erwähnen einen Eisen- oder Steinpfeiler, der das Himmelsgewölbe aufrechterhalte.

Bei den sibirischen Völkern können wir Bilder der Welt- oder Himmelssäule finden: die sogenannten Stadtsäulen, nämlich Holzpfähle, deren Spitze eine Vogelfigur schmückt. Sie tragen sieben Kerben, die den sieben Schichten des Himmels und vielleicht auch denen der Unterwelt entsprechen sollen.

Eine andere Vorstellung spricht von einem Weltbaum, der durch alle Schichten hindurchreiche. Die Schamanenlieder der Ostjaken singen von seinen sieben Stockwerken. Seine Wurzeln sehen manche Darstellungen in den unterirdischen Tiefen.

Einige Überlieferungen erzählen von einem Unterweltbaum oder sogar von drei Weltbäumen. Einer stehe in der Unterwelt, der zweite auf Erden, der dritte im Himmel, wo die Seelen vor der Geburt in Gestalt von Vogelküken lebten.

Wir dürfen die Vorstellung vom Weltbaum nicht mit der Anschauung von der eigentlichen Weltachse verwechseln. Der Weltbaum gilt mehr als Ort der zusammenkommenden Lebenskräfte, weniger als Drehpunkt der Welt. Frische, Saftigkeit und Fruchtbarkeit heißen seine wesentlichen Eigenschaften. Daher verlegt der Volksglaube den Welten- oder Lebensbaum an den Rand einer mythisch-kosmischen Quelle, eines Flusses, größeren Wassers oder ins Wasser selbst.

Bilder eigener und fremder Herkunft reihen sich in den sibirischen Schöpfungsmythen aneinander. Wir können heute nur unter Schwierigkeiten einen einheitlichen Eindruck von der sibirischen Vorstellung von der Entstehung der Welt zeichnen. Wir werden uns aber damit zu helfen wissen, allgemein verbreitete Anschauungen zu beschreiben und ihre wichtigen Grundgedanken zu unterstreichen.

„Ehe die Erde vollendet war, war alles Wasser. Die Erde war nicht da, der Himmel war nicht da, Sonne und Mond waren nicht da."

Die Texte der verschiedenen Mythen stellen die Erde in den Mittelpunkt der Beschreibung. Vor eine Beschreibung des Entstehens der Erde setzt der Mythos ein uns nun schon bekanntes Motiv: „Zuerst war alles Wasser, und nirgends war Erde." Bei den Letten heißt es: „Anfangs war nur Wasser und Luft zu sehen, die Erde war noch nicht geschaffen."

Doch der Schöpfer ist da. Die Nordgruppe der Sibirier gibt ihm die Gestalt eines Vogels. Er schwebe über dem Wasser im Lauftraum und genieße seine Einsamkeit.

Die Südsibirier aber lassen ihren Schöpfer über seine Einsamkeit klagen; er suche einen Gefährten, mit dem er seine Gedanken und Pläne austauschen und in ihm einen Helfer haben könne.

„Er wußte nicht, wie und was für eine Welt er machen sollte, und er war erzürnt, weil er keinen Bruder und keinen Freund hatte. Er warf zornig einen Stock in das große Meer."

Um es kurz zu machen: Der Schöpfer wird sein Werk nicht allein vollbringen; immer wird ihm ein Begleiter zur Seite stehen – ob er diesen nun gesucht hat oder nicht. Manchmal verleiht der Mythos auch ihm Vogelgestalt. Hier zunächst als Bruder oder Frau des Schöpfers, entwickelt sich der Mitarbeiter dort zum Rivalen und Feind.

Die Vorstellung von zwei gegensätzlichen Urwesen, die sich am Schöpfungswerk beteiligen, können wir bei manchen Völkerschaften nur im Hintergrund ihrer Anschauungen erkennen, bei anderen tritt sie deutlich ans Licht. Das Schöpfungsspiel trägt dann die Züge eines Wettkampfs. Jeder der beiden streitenden Demiurgen gestaltet seine Welt, schafft seine Tiere und oft auch seine Menschen. Doch das Werk des einen neigt dazu, das des anderen zu beeinflussen.

Später nahmen die Widersacher schärfere Umrisse an – unter dem Einfluß christlicher, islamischer oder buddhistischer Ethik und wohl auch alter mazdaistischer Erinnerungen: Sie wurden zur Verkörperung von Gut und Bös, von Gott und Teufel.

In vielen Mythen schafft der Demiurg die Erde nicht eigentlich selbst, sondern er schafft die Erde herbei: Der Gott läßt die Erde vom Himmel herab, oder er läßt sie vom Meeresgrund heraufholen.

Manche Mythen zeigen keinen ausgesprochenen Gegensatz zwischen der Tätigkeit des Schöpfers und der seines Begleiters. Die Mythen einiger nordsibirischer Völker lassen die menschenbewohnte Erde vom Himmel herabkommen und sich auf der Oberfläche des großen Urmeeres niederlassen. Die Erde bleibe dann vom souveränen Himmel abhängig. Denn so könne nun – nach der Auffassung der türkstämmigen Völker – bald dies, bald jenes vom Himmel auf die Erde fallen.

Wie in dieser Auffassung der Gegensatz zweier Demiurgen kaum erkennbar ist, so zeigt auch ein nordasiatischer Mythos vom Ursprung der Erde keinen dualistischen Zug. Hier und auch in anderen Erzählungen läßt sich der Gott lediglich von einem Mitarbeiter in Gestalt eines Wasservogels helfen.

So erzählen die Keten, wie anfangs überall Wasser gewesen und *Doh*, der große Urschamane und Heilbringer, in Gesellschaft von Schwänen, Rotkehlchen- und Polartauchern über das Urmeer geflogen sei. Nirgens habe er einen Ruheplatz finden können, deshalb habe er den Rotkehlchentaucher gebeten, im Wasser zu tauchen und etwas Erde vom Meeresgrund heraufzubringen. Der Rotkehlchentaucher habe zunächst zwei mißlungene Versuche unternommen, bis es ihm beim dritten Mal geglückt sei, etwas Schlamm in seinem Schnabel herbeizubringen. Daraus habe Doh eine Insel im Urmeer geschaffen, die Erde.

Andere Mythen beschreiben klar den Gegensatz zwischen dem Demiurgen und seinem Begleiter bei der Schöpfertätigkeit. Weit verbreitet sind die Mythen, in denen ein Begleiter oder ein Wasservogel (Ente, Lappentaucher oder andere Vögel) die Erde vom Grund eines tiefen Urmeeres heraufholten. Hier zeigt der Schöpfer seine Überlegenheit darin, daß er allein um die am Meeresgrund liegende Erde weiß. Er weiß auch darum, wie aus dem heraufgebrachten ganz winzigen Stück Erde die große Erde geschaffen wird. Der Begleiter aber weiß von jenem nichts, und zu diesem fehlt ihm die Kraft.

Die Rolle des Wasservogels erstreckt sich nicht immer nur auf die des Helfers beim Schöpfungswerk. Wenn der Vogel der Gesandte des Teufels oder der Teufel selbst ist, dann soll er den Schöpfer betrügen wollen. Aber die Macht des Demiurgen wird die Versuche des Widersachers zunichte machen.

Wir lassen nun einen Mythos der südlichen Süd-Altaier erzählen von den Motiven des Tauchens, um die Erde herbeizuschaffen, und des Gegensatzes zwischen dem Schöpfer und seinem Begleiter:

„Ehe die Erde vollendet war, war alles Wasser. Die Erde war nicht da, Sonne und Mond waren nicht da. Gott flog umher, auch noch ein Mensch flog umher, beide schwarze Gänse seiend flogen sie umher. Gott dachte durchaus an nichts; jener Mensch, den Wind erregend, regte das Wasser auf und spritzte Wasser in das Antlitz Gottes. Jener Mensch gedachte, höher als Gott sich zu erheben; er stürzte aber nach unten und fiel ins Wasser. Herabgestürzt sprach er fast erstickend: ‚Ach, mein Gott, errette mich!‘ Gott sprach: ‚O Mensch, erhebe dich aus dem Wasser empor!‘ Jetzt erhob sich der Mensch aus dem Wasser hervor; auf die Oberfläche desselben setzte sich der Mensch, der mit Gott zusammenlebte.

Gott sprach: ‚Du, steige hinunter zum Grunde des Meeres und bringe Erde herauf!‘ Nachdem er hinabgestiegen, faßte er Erde mit der Hand, und nachdem er Erde genommen hatte, gab er sie Gott. Gott warf diese Erde über die Oberfläche des Meeres hin und sprach: ‚Es werde Land!‘ Darauf entstand das Land.

Darauf sprach Gott abermals: ‚Steige hinab und bringe noch Erde herauf!‘ Der Mensch dachte bei sich: ‚Wenn ich dort hinabsteige, werde ich auch für mich Erde mitbringen.‘ Er stieg zum Grunde des Wassers hinab, nahm nach seinen Gedanken zwei Hände voll Erde mit. Die eine Hand brachte er Gott, mit der anderen Hand steckte er die Erde in den Mund und stieg empor, um selber, vor Gott verborgen, Land zu machen. Die eine Handvoll Erde gab er Gott, Gott nahm sie, streute sie aus, und die Erde wurde dick. Jener Mensch wollte ersticken, sie schnürte ihm die Kehle zu, und er wäre fast gestorben.

Jetzt lief er zur Seite und entfloh vor Gott. Er meinte, er sei weit fortgegangen; aber als er sich umblickte, stand Gott ihm zur Seite. Als jener Mensch dem Ersticken nahe war, sprach er zu Gott: ‚Ach Gott, wahrhaftiger Gott, errette mich!‘ Gott sprach: ‚Was hast du vor? Dachtest du etwa, du könntest die Erde nehmen und in deinem Mund verbergen? Weshalb verbargst du die Erde?‘ Jener Mensch sprach: ‚Ich habe die Erde in den Mund genommen, um Land zu machen.‘ Gott sprach: ‚Speie sie aus!‘ Als der Mensch sie ausgespieen hatte, entstanden die kleinen Sumpfhügelchen. Darauf sprach Gott: ‚Jetzt bist du in der Sünde. Du dachtest mir Böses zu tun: des dir unterworfenen Volkes innerer Sinn wird dir ebenso böse sein. Der Sinn des mir unterworfenen Volkes wird heilig sein. Sie werden die Sonne sehen, sie werden das Licht sehen.‘“

In einem Mythos der Jenissei-Samojeden geht der Gegner in seinem Tun nicht heimlich vor; der Schöpfer selbst fordert ihn heraus:

„Num (der Schöpfergott) und Gülük waren immer einander feind. Einstmals zankten sie sich. Gülük sagte: ‚Ich bin stärker als du und kann alles machen.‘ Num sagte: ‚Wenn du stark bist, so erschaffe die Erde!‘
Gülük faßte den Schlamm; er tropfte ihm durch die Finger. Num faßte den Schlamm und drückte ihn aus; das Wasser sickerte durch, und in seinen Händen blieb nur der trockene Lehm. So wurde das Wasser von der Erde geschieden: Es bildete sich das Meer und Flüsse, Quellen, Wasserfälle und Bäche; der Lehm wurde zu trockener Erde.“

Wir erzählen einen anderen Mythos nach, in dem uns dasselbe Motiv begegnet:

Als Gott auf die Erde kommt, begegnet er dort dem Teufel (Buninka), der ebenfalls am Schöpfungswerk interessiert ist. Sie geraten in Streit miteinander. Der Teufel will die gotterschaffene Erde vernichten; er zerbricht das zwölfsaitige Musikinstrument Gottes, der darüber in Zorn gerät und dem Teufel sagt: „Kannst du auf Geheiß eine Föhre aus dem See hervorwachsen lassen, so erkenne ich deine

Macht an; kann ich es jedoch tun, so mußt du zugeben, daß ich allmächtig bin." Der Teufel stimmt diesem Vorschlag zu. Da befiehlt Gott, und sofort erhebt sich ein Baum aus dem Wasser und beginnt zu wachsen. Der Baum des Teufels hingegen steht nicht fest, sondern schwankt hin und her. Da sieht der Teufel ein, daß Gott mächtiger ist als er.

Dem Teufel gelingt also keine schöpferische Tätigkeit – weder bei der Erschaffung der Welt, noch bei der Erschaffung des Lebensbaumes. Er ist zu keinem Tun fähig, das Werk des Schöpfers zu vernichten.

Kann der Teufel das Werk des Schöpfers schon nicht verhindern, so will er es dann doch wenigstens stören und, wenn möglich, verderben. Darum stellt man ihn dar als „unter dem Wasser" wohnend. Meist soll er sich dann in der Gestalt von im Wasser treibendem Schaum oder als Blase zeigen; das Wasser gilt in dieser Vorstellung als Element der Auflösung und Vernichtung.

In manchen Mythen schleudert der Schöpfergott vom Himmel herab ein Feuer, so daß ein Teil des Urmeeres trocknet und sich verhärtet, wobei sich Erde und Wasser voneinander scheiden. Dieses Motiv bekräftigt die Annahme altiranischen Einflusses auf solche sibirischen Schöpfungsmythen.

Aber die Schöpfungsarbeit ist mit der Erschaffung der Erde nicht getan; sie soll in der Gestaltung dieser Erde fortgesetzt werden.

Die nordsibirischen Völker, so die Tungusen und Samojeden, finden in ihrer Heimaterde oft Mammutknochen, und daher stellen sie sich vor, ein urzeitlicher Mammut habe mit seinen Hörnern die Erdoberfläche geformt. So erklärt man sich dort vor allem die Entstehung von Hügeln und Klüften. Die Täler und Niederungen dagegen seien durch das Nachgeben der Erde unter dem Gewicht dieses Riesentieres zustande gekommen. Schließlich sei Gott zornig geworden und habe den Mammut unter die Erde verwiesen, wo er hausen sollte. Seine unterirdischen Bewegungen verursachten heute noch die Erdbeben.

In der Vorstellung vom Wettbewerb zwischen Gott und Teufel ist es diesem gelungen, die Erde zu entstellen. Aber Gott zu betrügen und eine eigene Erde auf dem Urmeer zu schaffen, sei ihm nicht geglückt. Deshalb habe er die von Gott geschaffene

Erde, die ja als eben und gleich gedacht wird, durch Erhöhungen und Vertiefungen verschandelt. In den Niederungen hätten sich dann Gewässer angesammelt, aus denen sich Seen und Flüsse gebildet hätten.

Eine örtlich begrenzte Überlieferung bei den Itelmenen auf Kamtschatka aber erzählt: Gott wohnte ursprünglich im Himmel, zog aber dann auf die Erde hinab. Als er dort Schneeschuh lief, gab die dünne Erde unter ihm nach. Daher ist die Erdoberfläche uneben.

Während der Einrichtung der Erde bringt der Teufel allerlei nutzloses und schädliches Getier herbei. Die wogulesische Überlieferung läßt den Teufel mit seinem Stab ein Loch in die Erde stoßen, durch das Frösche, Eidechsen, Würmer, Käfer, Mücken, Wespen und Mäuse scharenweise aus dem Erdinnern hervorkommen, bis Gott das Loch mit einem feurigen Zapfen verschließt. – Die im Mythos erwähnten Tiere sind die sogenannten Seelentiere, von denen man glaubt, in ihnen wohnten die Seelen der Toten, oder die Totenseelen hätten sich in sie verwandelt.

Ein wenig tastend, als müsse er Erfahrungen sammeln, geht der Schöpfergott bei der Einrichtung der Erde vor: Er erschafft zunächst böse, gefährliche Wesen, die er dann aber vernichtet. Oder er nimmt an, die Menschen könnten Gras weiden; schließlich erkennt er seinen Irrtum. Erst überläßt er Sonne und Mond dem Teufel; dann müssen einige Helfer sie dem Widersacher abjagen. Andernorts gibt es zu viele Sonnen und Monde; ein Held muß sie mit Pfeilschüssen herunterholen.

Über die Erschaffung des Menschen geben die Schöpfungsmythen der Sibirier kaum Auskunft. Manchmal trägt das Erscheinen des Menschen auf Erden sogar den Charakter der Zufälligkeit: „Sie befanden sich dort“, wird uns gesagt, ohne daß der Mythos näher berichtet, woher die Menschen gekommen und wie sie entstanden seien.

Doch in dem schon angesprochenen Mythos der südlichen Süd-Altaier finden wir ein paar Zeilen über die Erschaffung des Menschen. Laut den wissenschaftlichen Untersuchungsergebnissen des Forschers *W. Schmidt* hat dieser Mythos allein die alte, ursprüngliche Form der Überlieferung von der Menschenschöpfung bewahrt. Dieser Mythos erzählt:

„Es wuchs ein einziger Baum ohne Äste empor, diesen erblickte Gott. ‚Ein einziger Baum ohne Zweige ist nicht angenehm zu sehen, es mögen an ihm neue Äste entstehen', sprach er. Neun Zweige wuchsen empor. ‚Am Fuß der neun Äste mögen neun Menschen sein, aus jenen neun Menschen mögen neun Völker entstehen!'

Als nun Erlik (der Widersacher) kam, ertönte ein Geräusch von vielen (ihm unbekannten) Dingen. Erlik sprach jetzt zu Gott: ‚Woher rührt dieses Geräusch?' Gott sprach ‚Du bist ein Fürst, ich bin auch ein Fürst: Dieses ist mein Volk' ...“

Der Mythos weist mehrere Eigentümlichkeiten auf. Nicht, wie in der Urkultur, wird ein erster Mensch als Stammvater aller übrigen Menschen, sondern gleich wird eine Mehrzahl von Menschen geschaffen, die dann die Stammväter der verschiedenen Völker sein sollen. Wir können vermuten, daß zur Entstehungszeit des Mythos die soziale Entwicklung schon weiter geschritten und viele verschiedene (Groß-)Familien, Stämme und Völker in den Gesichtskreis getreten waren.

Die Erschaffung des Menschen bringt der Mythos mit der eines Baumes in Verbindung. Die neuen Menschen gehen nicht aus den Zweigen des Baumes hervor – wie wir hätten erwarten können – sondern unter jedem der neun Zweige entsteht je ein Mensch. Das will vielleicht die Einheit der Menschen andeuten, ihre Zusammengehörigkeit und Bestimmung zur Fruchtbarkeit.

Schließlich sei bemerkt, daß sich der Mythos über eine Erschaffung der Frauen ausschweigt.

Soweit die alte Form dieses Mythenstranges in der sibirischen Überlieferungsgeschichte. Fast die Gesamtheit aller innerasiatischen Völker hat diesen alten Mythos verlassen und einen neuen, jüngeren von auswärts übernommen. *W. Schmidt* erläutert uns zu diesem Vorgang:

„Das wurde veranlaßt durch eine ganz neue Bewegung, die von Süden, zum Teil auch von Nordwesten her, über diese Völker hereinbrach und eine lunare Religion mit zwei Brüdern, dem Hellmond und dem Dunkelmond, an der Spitze herbeiführte. Der Hellmond hebt sich immer mehr zu dem Höchsten Himmelswesen hinauf, eignet sich immer mehr dessen Eigenschaften an und verdrängt es schließlich ganz. Der Dunkelmond setzt sich an die Stelle des Höllenfürsten Erlik.

Erlik steht aber dem neuen Himmelswesen nicht mehr so

feindlich, aber bedeutend stärker und selbständiger gegenüber. Dazu kommt, daß aus dem Verhältnis zwischen beiden die sittliche Orientierung vollständig geschwunden ist, weil die beiden Gestalten selbst sie nicht aufweisen."

Im jüngeren Mythos schafft ein untergeordnetes Wesen den Leib des Menschen, läßt ihn, noch unbeseelt, auf Erden liegen und begibt sich in den Himmel. Dort holt es vom Höchsten Wesen die Seele, die dem Leib des Menschen Leben und Bewegung geben soll.

Im höchsten der übereinandergelagerten Himmel residiert der höchste Gott. Er bleibt eher wohlwollend passiv und handelt weniger wohltätig aktiv. Nach vollbrachtem Schöpfungswerk überwacht er den Gang der Dinge nur von ferne oder kümmert sich nicht einmal darum: „Falls sie blühen, mögen sie wachsen, falls sie sterben, mögen sie zugrunde gehen." – ein Ausdruck der Gleichgültigkeit des Gottes gegenüber dem Schicksal der Geschöpfe. Der höchste Gott zeigt nicht die Haltung der Vorsehung, sondern die der müßigen Herrschaft. Er verkehrt kaum mit den Menschen, es sei denn über Mittelspersonen.

Nirgendwo können wir bildliche Darstellungen des sibirischen Schöpfergottes finden, und nicht immer widmen ihm die Gläubigen einen Kult. Befaßt er sich mit Menschen, dann nur mit einer Gruppe von ihnen, nie mit einem Einzelwesen; seine Söhne, Töchter und Diener beschützen einzelne Personen und Gruppen.

Trotzdem ist die Gegenwart des Schöpfergottes nicht überflüssig, denn durch die Gegenwart des obersten Gottes werden im wesentlichen Ordnung und Gleichgewicht im Universum bewahrt. Er durchquert in regelmäßigen Abständen die Erde, um den Schöpfungsmechanismus zu überprüfen.

Nur zur Überwachung der kosmischen Ordnung verläßt der höchste Gott die oberen Sphären ...

Silberfuchs und sein Widersacher Coyote

Indianische Schöpfungsmythen Nordamerikas

Unser nächster Besuch gilt den Indianervölkern Nordamerikas. Dort begannen die Europäer um die Mitte des 16. Jahrhunderts, sich festzusetzen. Zu dieser Zeit waren die Indianer Nordamerikas in viele hundert unabhängige Stämme aufgesplittert, die sich oft bekämpften. Der Erwerb ihres Lebensunterhaltes war von den jeweiligen klimatischen Verhältnissen und örtlichen Gegebenheiten abhängig: Fischfang, oder, wo das Klima es erlaubte, Maisanbau sorgten für Nahrung. In einigen Gebieten diente sogar noch die Sammelwirtschaft als Hauptquelle der Lebensmittel.

Die Indianer Nordamerikas gehören zu den Mongoloiden, die einst in aufeinanderfolgenden Wellen über die Behringstraße ausgewandert sind. So ist es nicht verwunderlich, wenn eine besondere kulturelle Verwandtschaft zwischen den Überlieferungen der Indianer der Nordwestküste und der Sibirier festgestellt werden konnte; auch wir werden in den Schöpfungsmythen der Indianer Vorstellungen finden, die denen der Sibirier ähneln.

Nach Mythen über die Schöpfung werden wir fast ausschließlich bei den Zentralkaliforniern fragen, denn nirgends sonst bei den Indianern können wir so zahlreiche Schöpfungsmythen mit einem Schöpfer im Mittelpunkt des Geschehens hören. Übrigens werden uns diese Stämme ihre ursprünglichen Vorstellungen von der Entstehung der Welt am reinsten erzählen. *W. Müller* erklärt dazu: „Kalifornien ist das klassische Rückzugsgebiet der Urvölker Nordamerikas. Hier, hinter den unermeßlichen Felsenwällen der Rocky Mountains, trieben im Laufe vieler Jahrhunderte, wo nicht Jahrtausende, zahlreiche ethnische Splitter zusammen, die keinerlei Anteil mehr nahmen an den Entwicklungen des weiten Ostens jenseits des Gebirges. Ihre geographische Lage verwies sie vielmehr auf den pazifischen

Ozean. Und doch haben weder die Kalifornier sich hinaus aufs Meer begeben, noch erreichten Fernwirkungen aus den Tiefen des Pazifik die kalifornische Küste, wie es weiter nördlich bei den Columbianern der Fall war. Selbstgenügsamkeit und geschichtlicher Zufall konservierten hier eine erstaunlich niedrige Kulturstufe, von einigen Kontaktzonen abgesehen.

Den Kern unbeeinflußter Stämme bilden die Zentralkalifornier beiderseits des Sacramento und des San Joaquin River: Kato, Yuki, Wintun, Maidu, Pomo, Wappo, Patwin, Miwok, um die wichtigsten zu nennen.

Diese Kernstämme stellen für die kulturgeschichtliche Forschung wertvollste Urkundenträger dar. Sie sind nicht nur materiell und wirtschaftlich nach allen Seiten isoliert, sie bilden auch sprachlich bis auf die Pomo und Yuki einen selbständigen, außerhalb Kaliforniens nirgendwo anzuschließenden Block: das Penuti."*

Die Indianer stellen sich unter dem Universum eine Reihe von Welten vor, die gleichsam wie Stockwerke übereinander liegen; die Welt der Menschen bildet darin das Stockwerk in der Mitte.

Das Chaos als Urzustand vor der Erschaffung des Kosmos beschreiben die Texte auf verschiedene Weise. So sprechen sie einfach vom Urwasser: „Im Anfang war alles Wasser", oder: „Am Anfang gab es weder Sonne noch Mond noch Sterne. Über allem lagerte Dunkel, und soweit das Auge reichte, sah es nichts als Wasser." Andere Texte erwähnen die Existenz des Schöpfers am Anfang. Urzustand ist die völlige Leere, und der Gedanke des Schöpfers ruft dann das Urwasser oder Urmeer ins Dasein:

„Vor dem Anbeginn aller Dinge hatte allein Awonawilona, der Schöpfer und Allerhalter, Wesenheit. Sonst gab es nichts durch den weiten Raum der Zeiten, als allenthalben schwarze Dunkelheit und öde Leere.

Da faßte Awonawilona bei sich einen Gedanken, und der Gedanke nahm Gestalt an und trat in den Raum hinaus, wodurch Wachstum, Dämpfe voll Kraft des Werdens, sich entwickelten und emporstiegen.

Der Allerhalter aber verwandelte sich vermöge des in ihm woh-

---

* Die Religionen der Indianervölker Nordamerikas, Stuttgart 1961, S. 254.

nenden Wissens in Gestalt und Wesenheit der Sonne, die unser aller Vater ist. Und als sie erschien, erfüllte der Raum sich mit Licht, und die Nebel verdichteten sich und sanken, wodurch Wasser sich niederschlug und das weltumspannende Meer entstand.“

Wenn der Mythos zuerst das Urwasser beschreibt, tritt der Schöpfer in menschlicher Gestalt auf. Manchmal ist er aber schon vor dem Urwasser da oder gleichzeitig mit ihm.

Dann läßt der Mythos den Schöpfer oft in Tiergestalt erscheinen, sei es, daß er ihn zunächst als Menschen schildert und ihn sich später in Tiergestalt verwandeln läßt, sei es, daß er ihn sofort als Tier beschreibt. Aus manchen Texten hören wir, wie hier über „Vater Rabe“, daß er „kein gewöhnlicher Vogel sei, sondern eine heilige Lebenskraft, die der Anfang war von allem, was zu jener Welt wurde, in der wir nun leben“.

Dieser Schöpfer gilt dann weniger als ewiger Gott, sondern mehr als Demiurg, als Weltbaumeister, Ordner und Kulturbringer, der den Menschen ihre Lebensbedingungen zuweist. Der Weltbaumeister hat in Alaska die Gestalt des Raben, im Süden tritt der Blaubläher an seine Stelle, auf dem Columbia-Frazer-Plateau und in der Ebene der Coyote, im Großen Becken und Südosten das Kaninchen und in manchen Kulturen der Hase.

Die Mythen scheinen kaum zwischen Mensch und Tier zu unterscheiden, sie stellen die Tiere als verständige, einsichtige Wesen dar. Die Bella Coola glauben, der Schöpfer habe die Menschen im Himmel erschaffen und dann aufgefordert, die Gestalt zu wählen, unter der sie die Welt bevölkern wollten: als Raben, Adler, Grizzlybären, Braunbären usw.

Der Weltbaumeister handelt nicht allein; ein Helfer steht ihm bei, der aber in den meisten Mythen die Rolle eines Widersachers spielt und üblicherweise in Tiergestalt auftritt. Manchmal ist das Verhältnis des Schöpfers zu seinem Begleiter gut; dann arbeiten beide einträchtig zusammen. Doch in den meisten Erzählungen sucht der Begleiter das Werk zu zerstören oder wenigstens zu entstellen.

Wir wollen uns ein Beispiel für die gute Zusammenarbeit von Schöpfer und Begleiter erzählen lassen:

„Am Anfang gab es weder Sonne noch Mond noch Sterne. Über allem lagerte Dunkel, und soweit das Auge reichte, sah es nichts als

Wasser. Ein Floß trieb auf dem Wasser. Es kam von Norden, und zwei Personen saßen darauf: Amosma, die Schildkröte, und Peheipe, der ‚Vater des Geheimbundes'. Die Strömung war heftig. Da wurde vom Himmel ein Federseil herabgelassen, und der ‚Erdgeweihte' kam herunter. Als er das Ende des Seils erreicht hatte, band er es am Bug des Floßes fest und stieg hinauf.

Sein Antlitz war bedeckt, niemand sah es; sein Körper aber leuchtete wie die Sonne. Er ließ sich nieder und sprach lange Zeit kein Wort. Endlich fragte die Schildkröte: ‚Woher kommst du?' Der Erdgeweihte erwiderte: ‚Ich komme vom Himmel droben.' Da sagte die Schildkröte: ‚Bruder, kannst du mir nicht ein wenig trockenes Land schaffen, damit ich bisweilen aus dem Wasser heraufsteigen kann?' Und ein andermal fragte sie: ‚Sollen Lebewesen in der Welt erschaffen werden?'

Der Erdgeweihte dachte eine Zeitlang nach und erwiderte: ‚Ja!' Die Schildkröte fragte wiederum: ‚Wie lange Zeit brauchst du, um sie zu erschaffen?' Der Erdgeweihte antwortete: ‚Ich weiß es nicht. Aber du willst etwas trockenes Land haben; wo soll ich die Erde dazu herbekommen?' Die Schildkröte entgegnete: ‚Wenn du mir einen Stein an meinem linken Arm befestigst, will ich danach tauchen.'

Der Erdgeweihte tat, wie die Schildkröte es wünschte; dann streckte er seine Hand aus, ergriff von nirgendwoher das Ende eines Strickes, der vorher nicht dagewesen war, und band es an der Schildkröte fest. Die Schildkröte sprach: ‚Wenn der Strick nicht langt, rucke ich einmal daran, und du mußt mich heraufziehen, denn dann habe ich soviel Erde, wie ich tragen kann.' In dem Augenblick, als die Schildkröte über Bord ging, begann der Vater des Geheimbundes laut zu jauchzen. Die Schildkröte aber war lange, lange fort; sechs Jahre war sie fort, und als sie wieder heraufkam, war sie ganz mit grünem Schlamm bedeckt; so lange war sie unten gewesen. Als sie die Oberfläche erreichte, war das einzige, was sie noch an Erde mit sich brachte, ein Krümchen unter ihren Nägeln; alles andere war fortgespült worden. Der Erdgeweihte holte mit seiner rechten Hand ein Steinmesser aus seiner linken Achselhöhle hervor und schabte sorgsam die Erde unter den Zehennägeln der Schildkröte heraus.

Er legte das Erdkrümchen auf seine Handfläche und rollte es umher, bis es rund war und die Größe eines Kiesels hatte. Dann legte er es auf das Heck des Floßes. Zweimal sah er nach, aber es wurde nicht größer. Als er zum dritten Male nachsah, war es auf einmal so groß geworden, daß er es gerade noch mit dem Arm umspannen konnte; beim vierten Male war's so groß wie die Erde. Das Floß lag auf festem Land, und ringsumher waren Berge, soweit der Blick reichte. Der Ort, an dem das Floß landete, heißt Tadoikö und ist noch heute zu sehen."

Aber die Traditionen der Indianervölker wollen uns viel häufiger von der Erschaffung der Welt durch die Tätigkeit einander feindlicher Zwillinge berichten. In diesen Erzählungen ist der eine Zwilling zu einem echten Hochgott aufgestiegen, während der andere widerstrebend auf einer tieferen Machtstufe verharren muß.

Auf der Fahrt vom Norden zum Süden Kaliforniens begegnen wir den Inland-Yuki. Sie schildern uns den Schöpfer *Taimokol,* „der allein kommt". Er sei auf dem Urmeer als Falumfeder umhergetrieben, habe singend allmählich Menschengestalt angenommen, und dann aus seinem Leib Binsen herausgenommen, mit denen er die Erde wie einen Korb zusammengenäht habe. Von Anfang an habe *Coyote* bei ihm als Zuarbeiter geweilt, über dessen Herkunft sich der Mythos ausschweigt. Coyote habe zwar bei der Erschaffung des Menschen mitgeholfen, dann aber auf der Einführung des Todes bestanden.

Dasselbe Motiv finden wir in seinen wesentlichen Zügen bei den östlich benachbarten Wintum wieder: Der Hochgott *Olelbis* – „der oben Wohnende" – erschafft die Welt, doch der Coyote *Sedit* durchkreuzt seine menschenfreundliche Güte, indem er den Tod in die Welt bringt.

Die Maidu kennen *Wonomi,* zu Deutsch „ohne Tod", oder Kodoyanpe – das heißt „Erdnenner", die in einem Boot auf dem Urmeer dahingetrieben seien. Erdnenners Körper leuchte wie die Sonne, sein Antlitz sei bedeckt und niemals sichtbar. Die Erde habe er durch seinen Gesang ins Dasein gerufen, doch Coyote habe sie sogleich hart und gebirgig gemacht. Lange Zeit hätten beide im Mittelpunkt der Erde gewohnt, von wo aus der Schöpfer die Erde so bequem wie möglich einzurichten gesucht habe; aber Coyote habe diese Wohltaten vernichtet, auch den Hügel mit dem See des Lebenswassers auf seinem Gipfel, das die Menschen vor dem Sterben hätte bewahren können.

All diese Themen illustriert uns eine Überlieferung der Achomavi mit kräftigen Farben:

„Im Anfang war alles Wasser. Nach allen Richtungen hin war der Himmel klar und rein. Eine Wolke bildete sich am Himmel, ballte sich zusammen und wandelte sich in Coyote. Dann stieg ein Nebel auf, ballte sich zusammen und wurde Silberfuchs. Sie wurden Personen. Dann dachten sie. Sie dachten ein Boot und sagten: ‚Bleiben wir hier, laßt es uns zu unserem Haus machen.' Danach trieben sie umher, viele Jahre lang trieben sie umher. Und das Boot wurde alt und mosig, und sie wurden dessen überdrüssig.

‚Lege du dich nieder', sagte Silberfuchs zu Coyote, und der tat es. Während er schlief, kämmte ihn Silberfuchs und bewahrte das ausgekämmte Haar auf. Als es viel geworden war, rollte er es in seinen Händen, streckte es und schlug es flach. Dann legte er es auf das Wasser und breitete es aus, bis es die ganze Oberfläche bedeckte. Nun dachte er: ‚Da soll ein Baum sein!', und augenblicks war einer da. Auf dieselbe Weise schuf er Sträucher und Felsen. Er belastete auch die Haut mit Steinen, so daß sie keine Wellen warf, wenn der Wind darüber hinging. Und so machte er die Welt, so wie sie gerade recht war. Und dann trieb das Boot sanft an den Rand, und es war die Welt.

Nun rief Silberfuchs Coyote zu: ‚Wach' auf, wir sinken!' Coyote erwachte und schaute auf. Über seinem Haupte, wie er dalag, hingen Kirschen und Pflaumen, und von der Erde her hörte er Grillen zirpen. Sogleich begann Coyote, die Kirschen und Pflaumen zu essen und die Grillen auch. Nach einer Weile sagte Coyote: ‚Wo sind wir? Wohin sind wir gekommen?' Silberfuchs antwortete: ‚Ich weiß es nicht, wir sind eben hier. Wir trieben ans Ufer.' Er wußte es natürlich die ganze Zeit, aber er wollte nicht sagen, daß er die Welt gemacht habe. Er wollte Coyote nicht wissen lassen, daß die Welt seine Schöpfung sei. Dann sagte Silberfuchs: ‚Was sollen wir tun? Hier ist fester Boden. Ich gehe ans Ufer und werde hier leben.' So landeten sie, bauten ein Schwitzhaus und wohnten darin."

W. Müller führt weiter aus:

„Diese beiden Urpersonen, die auch Menschen und Tiere aus Holzstöcken schaffen, bestimmen den weiteren Verlauf der Urzeit, ohne daß die überlegene Stellung des Schöpfers Silberfuchs verloren geht. Alles, was Silberfuchs zum Besten der Menschheit plante, durchkreuzte Coyote. Zuerst sollte beständiger Sommer sein, aber Coyote bestand auf einem langen Winter. Erst gab es keinen Tod, weil die Verstorbenen wieder lebendig wurden, aber Coyote setzte das endgültige Sterben durch."

Die Achomavi staunen: „Ah! Welcher Coyote! Niemals gab es so einen wie ihn auf der Welt!" – *Müller* fährt fort:

„Schließlich wurde es Silberfuchs zu viel, und er schlug Coyote tot. Dann durchzog er die Erde und zerkratzte sorgsam jede Stelle, wo Coyote geharnt hatte. Leider übersah er einen Ort, und so wurde der Erschlagene nach drei Tagen wieder lebendig, und Silberfuchs mußte ihm noch viele freundliche Worte geben, um seinen Zorn zu besänftigen. Coyote war eben unsterblich" (S. 257–259).

In einer anderen Tradition über die Entstehung der Welt finden wir ein Thema, das viele andere Völker kennen: die Entstehung der Welt aus einem göttlichen Urpaar durch den *hieros gamos*, d.h. die heilige Ehe der Götter. In einem vorhin schon angeschnittenen Mythos haben wir den Allerhalter beschrieben, der sich in die Sonne verwandelt hat; sein Licht ließ das weltumspannende Urmeer entstehen. Nun fährt der Text in der Schilderung der Erschaffung der Welt fort:

„Aus dem Stoff seines Leibes, den er der Oberfläche seines Körpers entzog, formte der Sonnenvater den Samen für zwei Welten. Damit befruchtete er das große Wasser, und siehe da, in der Wärme des Lichtes wurde das Wasser des Meeres grün; Schaum erhob sich auf ihm, der Schaum wuchs in die Breite und Schwere, und endlich wurden daraus Awitelin Tsita, die ‚vierfach bergende Mutter der Erde' und Apoyan Tätschu, der ‚alles bedeckende Vater Himmel'.

In der befruchtenden Umarmung der beiden auf dem großen Wasser der Welt wurde das irdische Leben empfangen; und das ist der Ursprung aller Wesen, der Menschen und der sonstigen Geschöpfe, in dem vierfachen Schoß der Erde. Darauf stieß die Erdmutter den Himmelsvater von sich; sie ward schwanger, sank tief hinab in die Umarmung der Gewässer der Tiefe und trennte sich von dem Himmel, den die Gewässer der Höhe empfingen."

Die Methoden der Schöpfertätigkeit sind also einerseits handwerklicher, mechanischer Art oder mit Elementen natürlicher Vorgänge wie der menschlichen Zeugung versetzt: Awonawilona erschafft Erde und Himmel aus dem Stoff seines Leibes; Taimokol näht die Erde wie einen Korb aus seinem Leib entnommenen Binsen zusammen; Gott bildet Lehm zu einer Erde oder zu Menschen; schließlich entstehen Welt und Leben aus dem hieros gamos, aus der fruchtbaren Umarmung von Himmel und Erde.

Doch mancher Gott erschafft die Welt auf geistige Art, nämlich durch Singen, durch inneren Wunsch, durch das Wort oder sogar durch den bloßen Gedanken. So erzählen die Wiyot: „Das Höchste Wesen schuf Erde und Wasser und dann die Menschen, indem es die Hände zusammenlegte. Es brauchte dazu kein Werkzeug. Es dachte nur, und sie existierten." – Nach den Achomawi seien Silberfuchs und Coyote beide aus einer Wolke oder dem Nebel auf dem Urmeer entstanden. Silberfuchs habe die Welt aus einem Haar oder nach anderer Version durch Singen oder aus einer Erdscholle erschaffen, die er durch Denken hervorgebracht habe. – Der Schöpfer der Pomo macht die Sterne durch seinen bloßen Wunsch, aber den Mond und die Erde aus Teilen seines Körpers und Sonne und Sterne auch aus Funken seiner Pfeife, Nebel und Tau aus dem Hauch seines Mundes. Tiere und Pflanzen entstehen dann auf seinen Wunsch hin, und ebenso gestaltet er die Erde aus. – Tirawa, der Himmelsherr, erschafft zuerst sein Weib, das Himmelsgewölbe, dann eine Reihe anderer Götter, darunter auch vier Sterngötter, die er an die vier Enden der Welt setzt, damit sie mit Keulen das Wasser schlagen und singen. Während des Gesangs der Sterngötter ballen sich Wolken und Blitz und Donner und machen Berge und Täler. Auf Befehl Tirawas entstehen ebenfalls unter ihren Gesängen und bei tobendem Gewitter die Pflanzen. Beim drittenmal wird das Wasser in die Flüsse geleitet, das vierte Mal kommen alle Arten von Samen, die auf der Erde zu sprießen beginnen. Dann heiraten auf Befehl Tirawas Sonne und Mond, die einen Sohn bekommen, und Morgen- und Abendstern, die eine Tochter zur Welt bringen. Wieder unter dem Gesang der Sterngötter werden sie Mann und Frau, und ihr Sohn wird Stammvater. Tirawa und die Sterne unterrichten die Menschen in allen Künsten und geben ihnen die heiligen Zeremonien. –

Auf den Marschallinseln habe *Loa* die Erde aus einem Riff durch das bloße Wort geschaffen: „Sieh, die Flut! Sieh, die Vögel!“, und sie erschienen. Möwe breitete dann den Himmel wie ein Spinnengewebe aus.

Auch bei der Gestaltung und Ausstattung der Erde und Ordnung des Kosmos haben die beiden feindlichen Zwillinge gegeneinander gearbeitet. Die Elemente Feuer, Winde, Regen und Schnee nahmen sie aus dem Sonnenhaus. Sie ließen Berge auf dem flachen Erdenrund emporsteigen, hoben die Meeresbuchten aus und bereiteten den Gewässern das Bett. Ein Mythos der Bella Coola erzählt uns darüber:

„Vor Zeiten, als die Welt zum ersten Mal bevölkert war, sah man keine Ströme, denn sie waren eingeschlossen in einer Höhle, die ein Gefängnis bildete. Die Zugänge zu dieser Höhle waren von einem ungeheuren Fels versperrt. Nicht nur die Flüsse waren eingeschlossen, sondern auch die Bewohner, darunter der Lachs. Als erster versuchte der Adler, diese Sperre zu durchbrechen, scheiterte aber. Danach versuchte der Rabe, und ihm gelang es. Seitdem ist der Bella-Coola-Fluß seinem heutigen Lauf gefolgt.“

Ungeheuer lösten eine Sintflut aus, die die ganze Welt vernichtete. Dann ging der Schöpfergott wieder an die Arbeit, um eine neue Welt zu erschaffen. Sein Handeln bei dieser Neuerschaffung gibt uns Auskunft über die Abläufe bei der ersten Schöpfung. Wir möchten einen Mythos sprechen lassen, der die Schöpfungsvorgänge anschaulich schildert. Coyote wird hier nicht als Widersacher auftreten, sondern als Schöpfer und Kulturbringer:

„Jemand, es muß der Alte Mann Coyote gewesen sein, machte ein Boot. Als er damit fertig war, fing es an zu regnen, und alle Berge wurden überflutet. Als die Wasser sich senkten, strandete dieses Boot auf einem hohen Berg. Zwei Enten steuerten darauf zu; es gab keinen anderen Platz zum Ausruhen. Coyote verlangte von ihnen, daß sie tauchen und Erde suchen sollten. Eine Ente tauchte dreimal, kehrte aber nicht an die Oberfläche zurück. Der Alte Mann Coyote bedeutete dann der anderen Ente, sie solle ihm Schlamm in ihrem Schnabel zurückbringen. Beim vierten Versuch kehrte die Ente mit Schlamm im Schnabel wieder. Coyote warf den Schlamm um sich,

und so wurde die Erde. Er zog Flüsse und Buchten, machte die Berge und Hügel. Aus dem Schlamm ließ er die Bisons und die Pferde entstehen; aus Schlamm schuf er auch die anderen Tiere. Aus Blättern machte er Tipis, und aus diesen Tipis macht er richtige Tipis (Zelte aus Bisonleder). Aus dem Schlamm ließ er die Menschen hervorgehen, und aus Schlamm machte er sich auch eine Frau. Der Alte Mann Coyote und seine Frau machten Pfeile und alles, was die Menschen gewohnt sind, zu gebrauchen. Er gebot ihnen, geschlechtliche Verbindung einzugehen und innerhalb zehn Monaten Kinder zu bekommen. So bekamen sie Kinder. Als sie zahlreich wurden, teilte er sie in verschiedene Stämme und siedelte sie im Kreis an. Er ließ einen Stamm in der Mitte und machte andere zu dessen Feinden. Dieser Stamm in der Mitte war der der Crow. Coyote schuf einen Tanz, der jedesmal getanzt werden sollte, wenn ein Feind getötet worden ist ... Daher kommt es, daß die Indianerstämme miteinander befeindet sind und es lieben, ihre Feinde zu töten.“

Von der Erschaffung des Menschen berichten manche nordamerikanische Mythen nur in knapper Form:

„Nicht lange nach der Erschaffung der Erde hielten sich der Erdgeweihte und der Coyote in Estobüsin Yamani auf. Der Erdgeweihte sprach: ‚Ich will jetzt Menschen machen.‘ Um die Mitte des Nachmittags begann er damit, nachdem er nach Tadoikö (das ist der Ort, an dem die Erschaffung der Erde vollbracht wurde) ging. Aus dunkelroter, mit Wasser vermengter Erde machte er zwei Figuren, einen Mann und eine Frau ...“

Andere Mythen schildern Etappen dieser Erschaffung des Menschen. In unseren beiden Beispielen gelangt der Schöpfer durch Versuch und Irrtum schließlich ans Ziel:

„Im Anfang schuf Tirawa Menschen aus Stein. Diese waren so stark, daß sie von ihrem Schöpfer nichts wissen wollten, und ihm daher nicht gehorchten. Sie trotzten ihm sogar. Da beschloß Tirawa, ein Ende mit ihnen zu machen. Er ließ einen großen Regen niedergehen.“

Der Text entwickelt nun das Motiv der Sintflut und fährt dann fort:

„Alles starb, was auf Erden lebte. Später verschwand das Wasser wieder von der Erde.

Da beschloß Tirawa, von neuem Menschen zu schaffen, und er tat es. Aber wiederum wurden die Menschen zu mächtig und zu übermütig; Tirawa erschrak darüber und vernichtete sie alle miteinander.

Dann erschuf Tirawa einen Mann, der den heutigen Menschen glich."

Nun folgt der Bericht über die Erschaffung der Frau:

„Der Mann sprach also zu sich: ‚Wie kommt es nur, daß mir nicht behaglich zumute ist?' Da schuf Tirawa das Weib und setzte es neben den Mann, und nun sprach dieser: ‚Du wußtest, warum ich nicht zufrieden war und was mir noch fehlte. Jetzt kann ich froh über die Erde wandern.'"

Und unser zweites Beispiel:

„Yetl (der Vater Rabe) wollte Menschen erschaffen. Er arbeitete menschliche Gestalten aus Stein. Er blies sie auf, und die Steine wurden lebendig. Alsbald aber starben sie. Da machte er menschliche Gestalten aus Erde, blies sie auf, und sie wurden lebendig. Aber auch sie starben bald wieder. Er schnitzte Menschen aus Holz und belebte sie, indem er auf sie blies. Auch sie starben bald. Da machte er menschliche Gestalten aus Gras und blies auf sie. Sie wurden lebendig und wurden die Ahnen des Menschengeschlechts. Daher wachsen und vergehen die Menschen wie Gras."

Die abschließende Erklärung zur Ursache von Werden und Vergehen des Menschen hat den gesamten Aufbau dieses Mythos inspiriert.

Entweder läßt der Mythos den Menschen auf der Erde erstehen, oder zunächst im Himmel: „Damals hat Tirawa Menschen und Tiere im Himmel erschaffen, wo er wohnte." ... „Aber als er nun mit seinem Werk zufrieden war, beschloß er, sie auf die Erde zu bringen."

Verschiedene mythische Versuche wollen uns erläutern, wie die im Himmel oder an einem anderen Ort erschaffenen Menschen auf die Erde gekommen seien:

Tirawa hatte beschlossen, die Menschen und die Tiere vom Himmel auf die Erde zu bringen. *„Er ließ den Blitz kommen, daß er sie hinabbrächte. Der nahm eine Wolke, und die Wolke empfing, was Tirawa geschaffen hatte. Mit gewaltigem Schlag fuhr der Blitz zur Erde hinab; da aber der Grund noch feucht und weich war, versank alles in den Boden. Darüber war der Blitz sehr unglücklich und schrie laut auf. Noch heute hören wir seinen Aufschrei, wenn der Blitz zur Erde niederfährt.*

Nun war alles Lebende unter der Erde und in großer Verwirrung. Niemand wußte, wo man eigentlich war.“

Einige Stämme in den westlichen Ebenen und auch im Südwesten Nordamerikas nehmen an, daß die Menschen zunächst in der vierten Welt unter der Erde erschaffen worden seien. Die Menschen hätten damals zuweilen einen Schwanz getragen oder eine ganz schwarze Haut gehabt. Unter der Erde schien ihnen kein Licht, und es war kalt. Mythische Wesen und Tiere verhalfen ihnen zu ihrer heutigen Gestalt und ließen sie zur Oberfläche der Erde aufsteigen. Die Mythen der *Keres,* einer Gruppe der Pueblo in New Mexiko, beschreiben dieses Aufsteigen so: Iyataken, Mutter der Menschen – später auch die „Mutter des Maises“ genannt – ließ einen Nadelbaum emporwachsen, der beim Hinaufklimmen in die dritte Unterwelt als Leiter diente. Dem Specht wurde aufgetragen, mit seinem Schnabel ein Loch in die dicke Felsschicht zu hacken, die den Zugang zur darüberliegenden Welt versperrte. Auf diese Weise konnten die Menschen bis an die Oberfläche der Erde herangelangen. Der Dachs und der „Alte Mann Wirbelwind“ halfen den Menschen schließlich auf den Erdboden.

Der Ort, an dem die Menschen auf die Erde hinauf gestiegen waren, war der Mittelpunkt der Erde und zu heilig, als daß sie hätten dort verweilen können. So ordnete Iyataku eine Wanderung gen Süden an. Bevor sie dann die Menschen verließ, überreichte sie ihnen einen Maiskolben und sprach: „Das ist mein Herz. Es wird eure Nahrung sein, und sein Saft wird euch schmecken wie die Milch aus meinen Brüsten.“ – Deswegen nennen die Keres die Göttin „Mutter der Menschen“ und auch „Mutter des Maises“. – Die Mythen erwähnen auch, daß andere Menschen im Inneren der Erde zurückgeblieben seien oder sich in Kriechtiere oder andere Tierarten verwandelt hätten.

Eine weitere Tradition will die Lage der ersten Menschen auf Erden darstellen und mit ihr die Wanderung der Menschen begründen:

„Die Welt war noch jung und unreif. Schwankend war ihre Oberfläche wie ein Sumpf. Selbst die höher gelegenen Orte waren feucht wie der Boden einer Höhle, so daß die Samenkörner, die auf ihn niederfielen, in die Höhe schossen und sogar der Abfall zu wachsen begann.

Erdbeben erschütterten und spalteten die Erde. Zauberwesen, Dämonen und Ungeheuer der Unterwelt stürzten hervor. Viele Geschöpfe wurden wild und wandelten sich zu Raubtieren, indem andere ängstlich wurden und ihnen zur Beute fielen. Elend und Hunger nahmen überhand, man übte schwarze Magie. Streit und Krieg brachen aus, und große Angst zog in die Herzen der Menschen und anderer Geschöpfe ein. Ja, Furcht war allerseits unter ihnen, und voll Schrecken preßte das Volk seine Kostbarkeiten an sich und begann zu wandern. Wandern, ... wandern! Immer gen Osten. Wandern, wandern! Die Menschen waren ein Volk von Wanderern geworden."

Am Ende unseres Besuchs bei den Indianervölkern Nordamerikas wollen wir rasten und ihren Mythenschatz noch einmal Revue passieren lassen. So können wir einen Überblick über die Elemente dieser Schöpfungsmythen geben:

Eine Gruppe der Erdschöpfungsmythen stellt die Entstehung der Erde aus dem Nichts oder aus einem schon vorhandenen Material durch das Wirken des Schöpfergottes dar. Die Gruppe haben wir im äußersten Westen und im äußersten Osten gefunden.

Eine zweite Gruppe der Erdschöpfungsmythen läßt die Erde entweder vom Himmel oder aus dem Körper des Schöpfers genommen auf das schon vorhandene Meer niedergleiten – ein Motiv des Westens und des Ostens nach Nordwesten und Südosten zu.

Auch die dritte Gruppe stellt das Meer an den Anfang der Schöpfung und malt dann das Erdtaucher-Motiv aus: Wasservögel oder die Schildkröte hätten ein Stückchen Erde oder Schlamm vom Meeresgrund heraufgeholt. Aus diesem Material habe Gott dann die Erde gemacht. Im äußersten Südwesten und

Nordosten, aber vor allem in den Gebieten zwischen den ersten beiden Gruppen haben wir von dieser Weise der Erschaffung der Erde gehört.

Soweit die Algonkin-Stämme überhaupt die Erschaffung des Menschen beschreiben, zählen wir diese Mythen zur Erdgruppe, die die Bildung des menschlichen Leibes aus Erde beschreibt. In einigen Traditionen ist die Erde mit dem Speichel des Höchsten Wesens befeuchtet oder besprengt worden. In zwei Fällen erzählt man von der Einhauchung einer Seele in den Mund des Menschen.

Die Cheyenne glauben, der Mann sei aus einer Rippe des Höchsten Wesens, die Frau wiederum aus einer Rippe des Mannes gebildet worden. Die Wahpeton-Dakota lassen den Mann aus der rechten, die Frau aus der linken Rippe des Schöpfers entstehen. Ob oder in welchem Maß diese Traditionen von der biblischen Schöpfungsgeschichte beeinflußt sind, können wir nicht mit Sicherheit entscheiden.

Bei den Nordzentralkaliforniern finden wir drei Typen der Anthropogenese: Der eine beschreibt die Erschaffung des Menschen aus Stöcken, die das Höchste Wesen in fast immer unbestimmter Anzahl, jedoch nicht paarweise, in ein Haus legt. Über Nacht werden aus den Stöcken Menschen. Der andere Typ schildert die Erschaffung aus Erde. Zumeist wird ein Menschenpaar geschaffen. Die Salina erzählen von der Erschaffung des Menschen aus Erde, der Frau aus einer Rippe oder einer Feder. Das Motiv der Feder zeigt uns den Einbruch einer späteren, totemistischen Kultur; wir finden es nur bei wenigen Stämmen.

Die Ost-Pomo überliefern Mischformen. Der Mensch sei aus Federn und Stöcken, oder aber aus Stein, Haaren, Geweihen, Felsen oder Feuerstein entstanden. Dieser Stamm berichtet jedoch nicht von der Erschaffung der Erde. Der Forscher trifft Mischformen auch bei den Küsten-Niwok an: Zunächst lebten die Menschen mit federigen Vogelkörpern. Nach der Vernichtung durch eine Flut fertigte der Schöpfer Menschen aus Stökken und Schlamm. Andere Traditionen lassen die Menschen paarweise aus Stöcken oder Federn entstehen.

Der Urmensch muß geopfert werden

Hinduistische Schöpfungsmythen

Der Begriff *Hinduismus* faßt die verschiedenen religiösen Bewegungen und Richtungen, religiös-philosophischen Systeme und Heilswege zusammen, die in Indien entstanden und beheimatet sind. Aufgrund ihrer gemeinsamen Wurzel lassen diese Systeme und Religionen trotz ihrer Verschiedenheiten gemeinsame Grundhaltungen und -züge erkennen.

Eine sehr lange Geschichte hat den Hinduismus zu seinen Ausgestaltungen geführt. Seine ersten kulturellen und religiösen Elemente weisen uns zur vorarischen und vorvedischen Zeit zurück: zum dritten Jahrtausend vor Christus.

Unser Schatz an Dokumenten ist zu mager, daß er uns ein Bild von der Kultur und Religion der Völker malen könnte, die Indien vor den Ariern bewohnt haben. Deshalb dürfen wir nur soviel vermuten:

Die ältesten Bewohner des indischen Subkontinents scheinen Negride gewesen zu sein, die mit den Völkern Afrikas räumlich und durch ihre Abstammung verbunden waren. Später drängten die aus dem Norden kommenden Europiden die Negriden immer tiefer in den Süden zurück und nahmen sie zum Teil in ihre eigenen Gemeinschaftsformen auf.

Dank der Archäologie wissen wir über die vorarische Kultur der *Draviden* mehr. Denn im Jahr 1921 haben Ausgrabungen in *Mohenjo Daro* – in der Landschaft *Sindh* in Nordwestindien – und in *Harappa* – im *Pundjāb* – lehrreiche Funde ans Tageslicht gebracht.

Die Bevölkerung war von verschiedener Herkunft, ihre Sprache ist weitgehend unbekannt. Erst im März 1969 gelang es finnischen Forschern, die Bilderschrift dieser Völker zu entziffern. Wir müssen uns wohl noch eine Weile gedulden, bis die Indologen die Geheimnisse dieser Sprache aufdecken können.

Nach Meinung der meisten Fachleute dürfen wir diese Völker mit den Sumerern Mesopotamiens und den vor-indogermanischen Mittelmeervölkern in Verbindung setzen. Zwar zeigt ihre Kultur auffallende Ähnlichkeit mit der gleichzeitigen Kultur Vorderasiens, doch trägt sie eigene Züge. Der Indologe *Glasenapp* erklärt: „Die dort gefundenen geräumigen Bauten, kunstvollen Werkzeuge und formschönen Plastiken verraten einen Stand der Kultur, der dem Kulturstand der nur in Dörfern wohnenden Arier, die noch keine ausgebildete Technik und Kunst besaßen, hoch überlegen war."

Die Religion verehrte in einem hochentwickelten Bilderkult männliche und weibliche Gottheiten. Auf dem wertvollen Fundstück eines bebilderten Spiegelamuletts erkennen wir einen greisgesichtigen, mit mächtigen Hörnern geschmückten Gott, den Tiere in ritueller Haltung umringen. Seine Haltung erinnert an die Haltung des *Yoga*, des indischen sitzenden *Shiva*, des Herrn der Tiere und der *Yogins*. – Andererseits stellen weibliche Figuren die Muttergöttin dar. Gegenstände der Verehrung waren auch heilige Symbole wie das Hakenkreuz und das griechische Kreuz.

Wir nennen diese Religion eine Vorstufe des heutigen Hinduismus, denn sie enthält bereits deutlich einige charakteristische Elemente des Glaubenslebens und der Kultübung dieser Hochreligion.

Erst im vorchristlichen zweiten Jahrtausend – vielleicht um 1500 v. Chr. – drangen die Arier in das Land ein und unterwarfen die damaligen Bewohner Indiens. Sie brachten den *Vedismus* mit und entwickelten ihn in Indien weiter. Die arische Kultur war, wie die Forschung festgestellt hat, jener der Altbewohner keineswegs überlegen, Städtebau und höhere Kunst kannte sie kaum. Die Arier waren eher ein junges, kriegerisches Hirtenvolk, das jedoch schon etwas Ackerbau trieb. Ansonsten standen sie auf der Kulturstufe der sogenannten Naturvölker. Ihre Götterlieder und Opfertexte lassen diese Einordnung zu.

Diese Lieder finden wir in *Veda* genannten heiligen Schriften. Aus den Hymnen des Rig Veda wissen wir, daß die älteste Form des Vedismus eine Vielzahl von Gottheiten kannte. In vielen Fällen waren diese Gottheiten vielleicht nur Personifizierungen von Naturerscheinungen wie Sonne, Mond, Morgenröte, Feuer, Wind und Gewitter. Denn die Gläubigen ordneten ihre Gottheiten nach Aufgabe und Zuständigkeit entsprechenden Naturerscheinungen zu. Andere Götter waren für den harmonischen Ablauf des Kosmos zuständig und wachten über die Gesetzmäßigkeit der Natur. Manche – wie *Mitra* und *Varuṇa* – hatten sogar mit dem sittlichen Handeln der Menschen zu tun.

Die Gottesvorstellungen waren also von einfacher Art, und entsprechend gestaltete sich in der ältesten Zeit der vedische Kult: Jeder Hausvater vollzog ihn vor dem heiligen Feuer.

Im Lauf der Zeit entwickelten sich die Gottesvorstellungen so, daß die verschiedenen Götter mehrere andere Ämter als bisher bekleideten. Dadurch verzweigten sich Kult und Opferwesen mehr und mehr. Deshalb waren nun die Gläubigen gezwungen, die Dienste von Personen in Anspruch zu nehmen, die mit den heiligen Verrichtungen und Opferregeln vertrauter als sie selbst waren. So bildete sich ein besonderer Priesterstand – die *Brahmanen.*

Je weiterreichend sich die Kenntnisse von den heiligen Handlungen verzweigten, desto stärker wuchs die Macht derer, die sie anwenden konnten. Die Priesterkaste konnte also durch die Ritualisierung der Religion eine privilegierte Monopolstellung einnehmen. Die Brahmanen behaupteten, kraft ihres Wissens um die heiligen Lieder und Zeremonien den Menschen alles in dieser und der jenseitigen Welt verschaffen zu können. Denn die Macht der heiligen Formeln und Begehungen sei so gewaltig, daß sogar die Götter sich ihnen beugen müßten. – Der Religionswissenschaftler bezeichnet einen solchen Vorgang, in dem übermenschliche Kräfte unter menschliche Verfügungsgewalt gezwungen werden sollen, mit dem Begriff *Magie.*

Die geistige Vorherrschaft des Priestertums spiegelt sich auch in der Literatur jener Zeit wider. Zu den Veden gesellten sich die *Brahmanas.* Ausführlich beschreiben und kommentieren sie die einzelnen Zeremonien, bei denen die Lieder und Sprüche des Veda vorgetragen wurden. Die Texte beschreiben die mythische Entstehung und den mythischen Sinn der heiligen Handlungen. In diesen Opfertexten zeigen uns die gelehrten Priester der brahmanischen Periode ihre Neigung zu philosophischer Spekulation.

Die Vorliebe des Philosophierens finden wir später in den Geheimlehren der älteren *Upanishaden* als Reaktion wieder. Aus ihnen können wir nicht nur überlieferte vedische Bestandteile herausfiltern, sondern auch Gedankengut der vorarischen Zeit, so wohl auch den Glauben an die Seelenwanderung.

Die Upanishaden leiteten den Beginn der klassischen Periode der indischen Religion ein: Die Ansprüche des Priestertums stoßen auf Widerspruch, indem neue Heilslehren zu neuen Glaubensformen aufwachsen – der *Jainismus* und der *Buddhismus.* Bis um 1000 v. Chr. wettstreiten sie mit dem Brahmanismus. Denn um das sechste Jahrhundert v. Chr. herrscht über die Masse der Inder ein hochkomplizierter Ritualismus. Die Priesterkaste entwickelt die Formen des Kults, dem entsprechend sie die Götterlehre entfaltet. Die Götter selbst bekommen immer weniger, der Kult immer mehr Bedeutung. Doch dieser ausufernde Ritualismus vermag die religiöse Sehnsucht der Menschen nicht zufriedenzustellen. Dagegen gestaltet sich stärker und deutlicher eine verinnerlichte Suche nach Heil und Erlösung. Nicht in kultischen Handlungen, sondern in Betrachtung und Selbstversenkung wollten die Menschen zum Wesen der Welt und des Lebens vordringen und den Weg zur Befreiung von Vergänglichkeit und Leiden finden. Aus diesen Bemühungen entsteht der Jainismus und der Buddhismus, die sich vom Brahmanismus lossagen. – Eine Reihe von Heilssuchern überwindet zwar den Ritualismus, bleibt aber Anhänger des Brahmanismus. Denn sie erkennt weiterhin die Maßgeblichkeit des Veda und der Priesterkaste an.

Bisher flossen der Vedismus und der Brahmanismus – die beiden Ströme der indischen Religionsentwicklung – getrennt. Jetzt aber vereinigen sie sich mehr und mehr zu dem mächtigen Strom des *Hinduismus* oder jüngeren Brahmanismus. Die Entwicklung des Brahmanismus nimmt aber Elemente auf, die meist der vorarischen Religion zu entstammen scheinen. Im übrigen entfaltet der philosophische Geist Indiens eine rege Tätigkeit, welche die religiöse Überlieferung zu vertiefen und zu bereichern vermag.

Gegen Ende der vedischen Zeit drängen die Arier mächtiger vom Gebiet des Indus und des Ganges aus nach Süden und Osten hin. Ganz Indien gerät allmählich unter ihren Einfluß. Das *klassische Sanskrit* entwickelt sich aus dem vedischen Sanskrit als künstlich in Regeln festgelegte Dichter- und Gelehrtensprache. Schon damals dient sie ausschließlich kultischen und literarischen Zwecken. Das Wort *sanskrita* bedeutet *kunstvoll zurechtgemacht* und bezeichnet die heilige, in strengen Regeln gefaßte Hochsprache, im Gegensatz zur natürlichen, gewöhnlichen Umgangssprache.

Aber die arischen Völker unterliegen dem Einfluß der ungewohnten Umgebung. Eine Fülle neuer Anschauungen und Bräuche dringt in ihre Geisteswelt ein, gestaltet sie erheblich um und läßt aus dem Ererbten und Übernommenen etwas Neues von selbständiger Eigenart entstehen: Das ist das, was man *Hinduismus* nennt.

In der religiösen Literatur vollzieht sich der Wandlungsprozeß am deutlichsten. Sie besteht aus den großen Dichtungen des gewaltigen Volksepos Mahābhārata und Rāmayana, den Purānas, den Gesetzbüchern und den vielen Lehrbüchern.

Aus dem Glauben der Menschen verschwinden zwar nicht die Götter der vedischen Zeit wie *Indra, Agni* und *Varuṇa.* Doch gewinnen andere Göttergestalten für das religiöse Leben an Bedeutung: *Brahma, Vishnu* und *Shiva* drängen alle anderen Götter an die Seite und steigen im indischen Götterhimmel zur höchsten Rangstufe auf. Das vorarische Erbe läßt die Göttinnen auf die religiöse Spekulation, aber auch auf die religiöse Praxis Einfluß nehmen.

Der indische Götterhimmel zeigt uns ein schillernd buntes Bild. Kein Wunder, daß er unter seiner eigenen Vielfalt litt. Bei der Entwicklung der Mystik – dem Versuch der Vereinigung mit dem Göttlichen – und der Meditation, aber auch der philosophischen Reflexion versuchten viele Schulen, sich über das Gewirr von Göttergestalten einen ordnenden Überblick zu verschaffen. Sie gingen daran, die unerschöpfliche Menge der Götter in Klassen einzuteilen, und wollten viele Gottheiten nur noch als Aspekte, Inkarnationen, Ausflüsse oder Eigenschaften eines Gottes, sogar des einen Gottes oder des einen Göttlichen, begreifen.

Der Kult spiegelt in den Religionen der Völker den Glauben an die Autorität, Wirkmächtigkeit und Menschennähe einer Gottheit wider. Dies trifft auch auf den indischen Kult zu, an dem die Entwicklung der Gottesvorstellungen nicht spurlos vorübergehen konnte. Neben der Bildung eines Tempelrituals entstanden neue Kulthandlungen für das Familienleben, in dem der Hausvater die Rolle des Kultdieners spielte, und für das öffentliche Leben, in dem die Brahmanen die heiligen Handlungen vollzogen. Der Kult umspannte nun von den einfachen bis zu den feierlichsten Riten das ganze Leben der Gläubigen und machte es zu einer einzigen religiösen Bewegung. *Glasenapp* erklärt uns: „Auch die soziale Vorrangstellung der Brahmanen festigte sich immer mehr, je mehr sich das Kastenwesen ausbreitete und zur Entstehung immer neuer Unterkasten führte ... Zur Erhaltung und Ausdehnung ihres Einflusses trug es zweifellos nicht wenig dazu bei, daß sie mit großer Geschicklichkeit verstanden, geistige Strömungen, die ursprünglich außerhalb ihrer Sphäre erwachsen waren, in diese hinüberzuführen und einzubeziehen; so scheinen zahlreiche Kulte und Sekten, die von Hause aus außerhalb des Machtbereiches des Brahmanentums gelegen hatten, im Laufe der Zeit von diesem angegliedert und von ihm durchdrungen worden zu sein."

In den Jahrhunderten vor und nach der Zeitwende entstanden in Indien auch die sogenannten philosophischen Systeme, die eine bestimmte Weise darlegen, die Welt „anzusehen". Diese Systeme heißen nach dem Sanskritwort *Darshana* wörtlich *Anschauungsweisen.* Ein indisches Darshana errichtet ein Gedankengebäude, in dem der einzelne Stein im Verhältnis zum ganzen Haus und dessen übrigen Teilen die ihm angemessene Stelle einnimmt. Die Darshanas widersprechen sich nicht und schließen sich nicht gegenseitig aus. Sondern die einzelnen Lehren können sehr wohl nebeneinander hergehen und sich einander ergänzen.

Neben den philosophischen Schulen bildete sich eine Reihe von Sekten aus. Sie stellten den Kult Vishnus, Shivas oder eines anderen Gottes in den Mittelpunkt ihres Glaubens. Die Sekten nutzten zwar die Theorie der philosophischen Systeme zum Ausbau ihrer verbindlichen Lehrsätze. Daneben aber stellten sie auch eigene Dogmen auf, die nur in ihrem Kreis Maßgeblichkeit gewannen.

Der Kult der weiblichen Gottheiten verbreitete sich in ungewöhnlichem Ausmaß. Grund für diese Entwicklung war die Anschauung, der männliche Gott könne nur durch die Kraft *(shakti)* seiner weiblichen Gefährtin wirken. Dadurch wurde das weibliche Prinzip aufgewertet. Manche Sekten hielten es sogar für das höchste und tiefste göttliche Prinzip, das in den Göttinnen, vor allem in der Mutter und Herrin *Durgā,* Gestalt annähme.

Der Brahmane *Shankara* (788–820 n. Chr.) versuchte, die vielen religiösen Auffassungen, Systeme und Kultformen Indiens in einer unbegrenzt aufnahmefähigen Einheit aufzuheben. Dazu kommt der Tantrismus, von dem *Glasenapp* schreibt:

„Die zweite Hälfte des ersten Jahrtausends n. Chr. ist dadurch charakterisiert, daß in ihr der Glaube an die Bedeutung und segenspendende Wirkung von sakralen Handlungen immer stärker den Geist der Hindus gefangen nimmt. Diese ritualistische Bewegung, die man nach den *Tantras,* d. h. den Texten, in denen sie ihren Niederschlag finden, als *Tantrismus* bezeichnet, stellt ein Gegenstück zur Opfermystik der vedischen Zeit dar, insofern als auch hier das Mittel der Verehrung den Zweck, eben der Verehrung selbst, überwuchert."

Mit diesen Informationen über die wechselvolle religiöse Geschichte Indiens im Gepäck machen wir uns nun auf die Reise durch die Mythenlandschaft des Hinduismus.

*

Unsere Welt ist nur eine der vielen Gestalten des Kosmos, denn dieser – so glaubt der Hinduismus – sei einer ständigen Veränderung unterworfen.

Die Oberwelt besteht aus verschiedenen, übereinander geschichteten Himmeln, in denen die Götter wohnen. Die Unterwelt beherbergt in ihren oberen Schichten die Dämonen. Die untersten Gegenden nimmt die Hölle ein, in der die Bösen peinvolle Strafen erleiden, bevor sie durch eine Neugeburt wieder ins Leben gerufen werden. Die Erde – Wohnung der Menschen, Tiere und Pflanzen – liegt zwischen Ober- und Unterwelt. Die älteren Vorstellungen sprechen von der Erde als Scheibe, die vom kosmischen Drachen, der Schlange *Shesha* oder der Schildkröte, Verkörperung des Gottes Vishnu, getragen und vom kosmischen Elephanten bewacht wird.

Der Berg *Meru* ist Mitte der Erde und damit Achse der Welt, um die sich die Gestirne – die Fahrzeuge der Götter – drehen.

Die verschiedenen Teile der Erde und angrenzenden Meere reihen sich abwechselnd in Ringen mit demselben Mittelpunkt um den Meru. *Rosenapfelbaum-Insel* heißt der dem Meru nächstliegende Erdteil. Er hat neun Gegenden, deren beste und schönste verständlicherweise Indien ist. Indien steht also in der Erdmitte und somit in der Weltmitte.

Die verschiedenen Textquellen schildern uns den Urzustand vor der Schöpfung in ähnlichen Worten:

Das Weltschöpfungslied des *Rig Veda* spricht vom Urchaos, aber auch vom Dasein des „Einen", des Schöpfers der Welt:

„Damals war weder Nichtsein noch Sein;
Nicht war der Luftraum noch der Himmel darüber.
Was strich hin und her? Wo? Unter wessen Obhut?
Was war (damals) das unergründliche, tiefe Wasser (des Meeres)?

Nicht war damals Tod und Unsterblichkeit,
Nicht das Erkennungszeichen von Tag und Nacht.
Es atmete, ohne Wind zu machen, das Eine aus Eigentrieb.
Außer diesem gab es nichts anderes.

Finsternis war im Anfang von Finsternis verhüllt.
Diese ganze Welt war unkenntliches Chaos ..."

Die *Brahmanas* erzählen: „Dieses Weltall war nämlich im Anfang gar nichts, nicht war Himmel, nicht Erde, nicht Luftraum ... Die Welt war also Wasser, Meerflut."

In vielen Texten wird das Leitmotiv immer neu wiedergegeben: „Diese Welt war nämlich im Anfang Wasser, Flut."

Im *Manu-Gesetzbuch* lesen wir: „Diese (Welt) war ganz Finsternis, etwas Unkenntliches, Unbestimmbares, Undeutliches, gleichsam gänzlich in Schlaf versunken."

Die Entstehung der Welt wird in den älteren Texten des Rig Veda in mythischen Bildern und Vorstellungen ausgemalt. Die jüngeren Hymnen gehen mehr der philosophischen Spekulation nach.

Ist die Schöpfung das Werk eines *einzigen* Gottes, dann stellt dieser Schöpfer oft nur eine Art Personifizierung einer natürlichen Kraft dar. Die wichtigsten machtvollen Elemente sind das Feuer *(Agni)*, die Sonne *(Savitar)* und die schöpferische Glut *(tapas)*.

Später wird das Wasser bei der Entstehung der Welt eine herausragende Rolle spielen: *Varuṇa*, der Gott der Wasser, wird auf der Bühne erscheinen.

Im Buch X des Rig Veda tritt viel später *Vishvakarman* auf. Er ist der allgemeine Weltbaumeister, der die Schöpfung werden läßt.

Wenn der gesamte Götterhimmel das Weltall erschafft, können wir hinter dieser Menge von Göttern schon das unpersönliche Eine, die unpersönliche Wurzel allen Seins vermuten. Die Welt ist dann nur die Offenbarung des Einen in greifbaren Formen, eine Entfaltung des Einen aus sich heraus nach außen.

Das sogenannte *Purusha-sūkta* stellt uns in einer mehr mythischen Manier die Welt als Entäußerung eines Urwesens vor. Der Text setzt *Purusha,* den kosmischen Menschen, im Grunde mit dem Weltall gleich. Das Opfer ist die eigentliche schöpferische Kraft, das Opfer als magische Riten. Deren Wirkung verursacht die Entstehung der Welt und sichert ihren Bestand. Weil das Opfer die schöpferische Macht schlechthin ist, muß am Anfang der Welt das Uropfer als Urakt stehen, der die sichtbaren Dinge als Entsprechungen und Hervorgänge der unsichtbaren Dinge schafft:

„*Tausendköpfig war Purusha (das Urwesen mit menschenförmiger Gestalt), tausendäugig, tausendfüßig. Die Erde bedeckend allüberall, erstreckt er sich zehn Finger breit darüber hinaus. Purusha ist all das, was war und was sein wird. Er ist der Herr der Unsterblichkeit, durch Nahrung wächst er. So groß und größer ist der Purusha. Ein Viertel von ihm bildet die Geschöpfe, drei Viertel – unsterblich – im Himmel. Mit drei Vierteln stieg er hinauf, ein Viertel kam hier zum Sein. – Als die Götter ein Opfer veranstalteten mit Purusha als Opfermaterie, da war der Frühling geschmolzene Butter, der Sommer Brennholz, der Herbst Opfergabe. Diesen Purusha, geboren im Anfang, besprengten sie als Opfer auf dem Gras: mit ihm opferten die Devas, die Sādhyas und die Rishis. Von dem vollendeten Opfer wurde die geronnene Butter gesammelt. Diese machte er zu den Tieren der Luft, des Waldes und des Dorfes. Aus diesem ganz geopferten Opfer wurden Hymnen und Melodien geboren, auch Opferformeln. Daraus entsprangen Pferde und alle Lebewesen, die zwei Reihen von Zähnen haben: Rinder und Ziegen und Schafe. – Als sie den Purusha zerteilten, in wie viele Teile zerlegten sie ihn? ... Was wurde sein Mund? Was wurden seine Arme, seine beiden Schenkel, die Füße? Der Brahmane war sein Mund, der Kshatriya wurde aus den zwei Armen, aus den beiden Schenkeln der Vaiṣhya, der Shūdra aus den Füßen. Der Mond wurde geboren aus seinem Verstand, die Sonne aus seinen Augen, Indra und Agni aus seinem Mund, Vāyu, der Wind, aus seinem Atem. Aus seinem Nabel entstand das Luftreich, aus dem Kopf der Himmel, aus den beiden Füßen die Erde.“*

Ein Hymnus des Rig Veda schildert den Drang des Einen, Unpersönlichen zur Selbstentwicklung in der Schöpfung der Welt, hinterfragt aber den Anspruch der Schilderung auf Gültigkeit. Die Welt sei damals nur Denken gewesen, das sich in dem unbestimmten Einen ausgedrückt habe. Das Eine, das Denken wünschte dann, als etwas Erschaffenes in Erscheinung zu treten. Es habe sich eine Persönlichkeit *(ātman)* gewünscht ...

„Das Eine, das ward, war mit Leere bedeckt.
Das Eine kam auf durch die Macht des Tapas (d. h. der inneren Glut).
Über dieses kam am Anfang das Liebesverlangen –
das war der erste Same des Denkens ...
Weise, die mit Weisheit im Herzen forschten,
fanden das Band vom Sein zum Nichtsein ...

Gab es dann ein Unten, gab es ein Oben?
Da waren Samenspender, waren Ausdehnungskräfte,
Unten war der Trieb, oben die Gewährung.

Wer weiß es wirklich?
Wer soll erklären, wovon es gemacht wurde,
woher die Schöpfung kam?
Die Schöpfung war zuerst – die Götter sind später.
Wer weiß nun, woher sie kam?
Woher diese Schöpfung kam, ob er sie gründete oder nicht,
er, der im höchsten Himmel weilt, der Überwacher, er allein weiß,
oder weiß auch er es nicht?“

Der letzte Satz verrät das Bedürfnis, sich nicht mit den mythischen Darstellungen begnügen zu wollen, sondern nach einem vernunftgemäßen Verständnis der Welt auch in ihrer Entstehung zu suchen.

Die *Brahmanas* sind hauptsächlich Erläuterungen zu den Veda-Texten. Sie lassen dieselben Themen erkennen, die das Veda behandelt. Die Brahmanas nennen den Weltbaumeister *Prajāpati.*

„Dieses Weltall war nämlich im Anfang gar nichts, nicht war Himmel, nicht Erde, nicht Luftraum. Dieses, da es nichtseiend war, richtete sein Denken darauf: Ich will sein. Es erhitzte sich innerlich. Und aus dem Erhitzten entstand Rauch. Es erhitzte sich noch mehr, aus dem Erhitzten entstand Feuer. Es erhitzte sich noch mehr, aus dem Erhitzten entstand Flamme. Es erhitzte sich noch mehr, aus dem Erhitzten entstanden Lichtstrahlen. Es erhitzte sich noch mehr, aus dem Erhitzten entstanden Dünste. Es erhitzte sich noch mehr, es ballte sich wie eine Wolke zusammen. Es sprengte seine Harnblase. Die ward zum Meere. Darum trinkt man nicht aus dem Meere, denn man sieht es wie ein Geschlechtsorgan an.

Die Welt war also Wasser, Meerflut. Da weinte Prajāpati: Wozu ward ich geboren, wenn für solchen haltlosen Grund? Die Träne, die ins Wasser fiel, wurde zur Erde, was er abwischte, das ward zum Luftraum, was er nach oben wischte, das ward zum Himmel. Dies war nämlich der Ursprung der Welten. Er fand in ihr (der Erde) eine Unterlage. Als er in ihr eine feste Unterlage gefunden hatte, wünschte er: Ich will mich fortpflanzen. Er erhitzte sich innerlich und wurde schwanger. Er gebar aus seinem Hinteren die Dämonen; denen molk er in einem irdenen Gefäß Speise. Und diesen seinen Leib legte er ab. Der ward die finstere Nacht.

Er wünschte: Ich möchte mich fortpflanzen. Er erhitzte sich innerlich und wurde schwanger. Er gebar aus seinem Zeugungsglied die Geschöpfe. Darum sind diese die zahlreichsten, denn er hatte sie aus seinem Zeugungsglied geboren. Denen molk er in einem hölzernen Gefäß Milch; und diesen seinen Leib legte er ab. Der ward die Mondnacht.

Er wünschte: Ich möchte mich fortpflanzen. Er erhitzte sich innerlich und wurde schwanger. Er gebar aus den beiden Achselhöhlen die Jahreszeiten; denen molk er in einem silbernen Gefäß Schmalz. Und diesen seinen Leib legte er ab. Der ward die Zwischenzeit zwischen Tag und Nacht.

Er wünschte: Ich möchte mich fortpflanzen. Er erhitzte sich innerlich und wurde schwanger. Er gebar aus seinem Mund die Götter. Und diesen seinen Leib legte er ab. Der ward der Tag.

Das sind die Melkungen des Prajāpati. Wer also weiß, melkt die Geschöpfe aus.

Aus dem Nichtseienden entsprang das Denken, das Denken erzeugte den Prajāpati, Prajāpati erzeugte die Geschöpfe. Diese Welt, alles was da ist, wurzelt also letzten Endes nur im Denken."

In den *Samhitās,* einer Reihe von Versen, Hymnen und Kommentaren, begegnen wir dem Weltschöpfer *Vishvakarman* des Rig Veda wieder:

„*Diese Welt war nämlich im Anfang Wasser, Flut. Auf dieser bewegte sich Prajāpati in Form des Windes. Er erschaute die Erde und holte sie in einen Eber verwandelt herauf. Er wurde zu Vishvakarman und rieb sie ab. Da breitete sie sich aus* (prath) *und ward zur Erde, daher der Name Erde* (prathivi)."

Auch andere Texte entwickeln das Motiv des Tauchens und Heraufholens der Erde:

„*Diese Welt war im Anfang Wasser, Flut. Prajāpati mühte sich damit ab: wie könnte dies etwas werden? Er sah ein Lotosblatt stehen und dachte: Da muß etwas sein, worauf es (das Lotosblatt) feststeht. Er verwandelte sich in einen Eber und tauchte daneben unter. Da stieß er unten auf die Erde. Diese aufspießend tauchte er empor. Das weitete er auf dem Lotosblatt aus. Weil er es ausweitete, daher kommt der Name Erde (die Weite). ‚Jetzt ist dies etwas geworden' (bhū), daher der Name bhūmi (Erde). Der Wind wehte sie nach allen Seiten, da befestigte er sie mit Steinen ...*"

Oder:

„*Diese Welt war im Anfang Wasser, nur Flut. Prajāpati verwandelte sich in einen Eber und tauchte unter, das ward diese Erde.*"

Auch die uns schon bekannte Idee, eine Gottheit habe die Welt durch die Benennung der Dinge ins Dasein gerufen, finden wir wieder. Diesmal aber handelt Prajāpati:

„*Prajāpati schuf die Geschöpfe. Diese, als sie erschaffen waren, klebten noch aneinander. Da ging er in sie ein mit der Form. Darum sagt man: Prajāpati ist die Form. Da ging er in sie ein mit Namen. Darum sagt man: Prajāpati ist der Name.*"

Der *Shatapatha-Brahmana* spricht verschiedentlich vom golden Ei, vom Welt-Ei: Prajāpati habe sich selbst durch innerliche Erhitzung befruchtet, nachdem er sich Nachkommenschaft gewünscht habe. Aus dem Wunsch und der Erhitzung sei ein goldenes Ei entstanden. Die eine Version läßt das Ei aus Prajāpati geboren werden; dann habe er gewünscht, in das Ei einzugehen und selbst wiederum aus ihm geboren zu werden – was auch geschehen sei. Die andere Version hebt an mit dem Wunsch des Urwassers nach Fortpflanzung:

„Diese Welt war nämlich im Anfang Wasser, nur Flut. Diese (Wasser) wünschten: wie könnten wir uns fortpflanzen? Sie mühten sich ab, sie erhitzten sich innerlich. Aus dem innerlich Erhitzten entstand ein goldenes Ei. Das Jahr war damals noch nicht geboren. Dieses goldene Ei schwamm umher solange, als die Frist eines Jahres währt. Daraus entstand in Jahresfrist ein Mann, der Prajāpati. Darum gebiert in Jahresfrist eine Frau, eine Kuh oder eine Stute, denn in Jahresfrist wurde Prajāpati geboren. Er zerbrach das goldene Ei. Damals gab es keine feste Grundlage. Nur dieses goldene Ei schwamm umher, indem es ihn trug, solange als die Frist eines Jahres ist. Nach Jahresfrist versuchte er zu sprechen. Er sprach: bhūḥ, *das ward diese Erde. Er sprach:* bhuvaḥ, *das ward dieser Luftraum. Er sprach:* svaḥ, *das ward jener Himmel. Darum versucht nach Jahresfrist das Kind zu sprechen, denn nach Jahresfrist sprach Prajāpati …"*

Die *Upanishaden* enthalten philosophische Spekulationen, gründend auf den mythischen Motiven, die wir in den älteren Schriften finden können.

Die *Brihad Āranyaka Upanishad* – ein Teil des *Shatapatha-Brahmana* erzählt von der Entstehung der Welt aus dem Wunsch und durch das Ausprechen von Worten – hier von rituellen Worten:

„Im Anfang war hier (in der Welt) gar nichts. In Tod war dieses (All) gehüllt, in Hunger, denn Tod ist Hunger. Es beschloß: ich will einer werden, der eine Persönlichkeit besitzt. Es verlegte sich aufs Beten, und als es so betete, entstanden die Wasser (das sind die Urwasser, der Stoff der Welt …)."

In derselben Brihad Āranyaka begegnen wir wieder dem kosmischen Menschen Purusha. Am Anfang dieser Welt sei Ātman allein in der Form eines Purusha gewesen:

„Er blickte um sich und sah nichts außer sich. Er sagte: Ich bin. Er fürchtete sich. Er hatte keine Freude. Er wünschte sich ein Zweites. Er war so groß wie eine Frau und ein Mann eng umschlungen. Er teilte sich in zwei Teile: daraus kamen Gatte und Gattin. Es entstanden die Menschen."

Durch Verwandlung dieses ersten Paares in Tierpaare seien die verschiedenen Tierarten aus deren Paarung entstanden. So sei die ganze Welt aus dem Zusammenwirken von männlichem und weiblichem Prinzip geworden.

Das Motiv des Welt-Eis entdecken wir wieder in der *Chandogya Upanishad:*

„Die Sonne ist das Brahman, das ist seine Veranschaulichung."

Dazu lautet die Erklärung:

„Im Anfang war diese Welt nichtseiend. Das ward zum Seienden, das paarte sich, da kam ein Ei zum Vorschein, das lag die Dauer eines Jahres da. Es sprang entzwei, und seine beiden Schalen waren eine silberne und eine goldene. Die silberne wurde diese Erde, die goldene jener Himmel, die äußere Eihaut wurden die Berge, die innere Eihaut die Wolken und Nebel, die Äderchen wurden die Flüsse und das Fruchtwasser das Meer. Und was da geboren wurde, das ward jene Sonne, und hinter der neugeborenen Sonne erhoben sich Freudenrufe, und alle Wesen und alle Wünsche (regten sich). Deshalb erheben sich jedesmal bei ihrem Aufgang und ihrer Heimkehr Freudenrufe und (regen sich) alle Wesen und alle Wünsche. – Wer solches wissend sich die Sonne als das Brahman vorstellt, der darf hoffen, daß ihm beifällige Zurufe zuteil werden und sich oft bei ihm wiederholen."

Nach anderen Vorstellungen entstand aus dem Ur-Ei zuerst Vishvakarman, der „Allesmacher", den wir schon im Rig Veda und in den Brahmanas getroffen haben.

Das *Manu-Gesetzbuch* ist viel jünger als die indischen Schriften, die wir bisher kennengelernt haben. Zur eigentlichen Veda-Literatur gehört es nicht mehr. Im wesentlichen ein Gesetzbuch, stellt es nicht allein die Lebensregeln zusammen, sondern will deren Begründung in der Schöpfung nachweisen. Daher führt es auch mythische Motive und kosmogonische Erklärungen an:

Im Anfang war die Welt in Chaos *(tamas)*, ohne unterscheidbare Formen und Eigenschaften, wie im Schlafe. Dann erschien der Herr, der „durch sich selbst seiende Herr“, unsichtbar und ohne unterscheidende Merkmale. Er entfernte die Finsternis.

Der Herr hat einen feinstofflichen Leib. Er ist ewig und unbegreiflich, die Seele aller Lebendigen.

Dieser Herr war von dem Wunsch erfüllt, Kreaturen zu schaffen. Er schuf das Wasser und legte darin einen Samen. Dieser Samen war leuchtend wie der Glanz von tausend Sonnen, er wurde zu einem Ei, hell wie Gold, aus ihm ging hervor Brahmā, der alle Welten erschuf.

Das, was die Ursache von allem ist, ewig, der Urmensch, der Purusha, der daraus hervorgeht, ist *Brahmā* genannt. Ein ganzes Jahr blieb er in der Form des Eies, dann teilte er sich durch Meditation in zwei Teile. Aus den beiden Teilen wurden Himmel und Erde geschaffen, dazwischen das Luftreich, die acht Himmelsrichtungen, der Ort der Wasser, das Meer.

Im Manu-Gesetzbuch treffen wir auch schon auf die Idee von der periodischen Schöpfung und Vernichtung, die in den epischen Hymnen über die Götter, den *Purānas*, behandelt wird.

Die *Vishṇu-Purānas* fassen die uns nun bekannten kosmogonischen Themen in dem Versuch zusammen, die verschiedenen Anschauungen zu einem zusammengesetzten Ganzen zu formen.

Auch auf heiligen Bildern ist *Vishṇu* der Schöpfer der Welt. Das Absolute, das Unpersönliche, das die Substanz aller Dinge ausmacht, ist nun nicht mehr Brahmā. Vishṇu hat diese Rolle übernommen. Sein Erscheinen bedeutet die Erschaffung, sein Verschwinden die Vernichtung der Welt. – Vishṇu ist jetzt eines der Gesichter des personifizierten Göttlichen. Er erhält und beschützt die Welten.

Auf einem heiligen Bild hat uns der Ikonograph den Vishṇu in der Eigenschaft des Schöpfers so dargestellt:

Vishṇu liegt unbeweglich über dem unbewegten Weltozean. Der Ozean stellt die absolute Totalität dar, die noch undifferenziert ist, die ursprüngliche Einheit, die noch keine Bewegung und Trennung der Elemente erfahren hat. Vishṇu wird von einer Schlange (deren Name *Shasha* und Beiname *Ananta, die Unendliche,* ist) getragen. Die Schlange hat tausend Köpfe, Zeichen ihrer unendlichen Fruchtbarkeit, denn sie trägt ja die ganze Welt. Manche Texte setzen die Schlange mit dem Schöpfer gleich. Neben Vishṇu sitzt auf der Schlange seine Gattin, als Erscheinung seiner Energie, seine *Shakti.* Sie heißt *Laksmī,* Göttin des Glücks und des Reichtums.

Dem Nabel des Vishṇu entsteigt ein Stengel, den der Windgott Vāyu als Lebenskraft in Wellenbewegung hält. An der Spitze des Stengels entfaltet sich eine Lotosblüte, aus der der Schöpfergott Brahmā geboren wird.

Brahmā wird *der Urahne* genannt. Er hat vier Arme, von denen jeder ein Buch hält, und vier Münder, von denen jeder eines dieser Bücher vorliest. Es sind die ewigen Gesetze, die ihm seine Aufgaben festlegen.

Um diese Gesetze besser zu verstehen und überhaupt sein eigenes Dasein zu ergründen, versucht Brahmā, in dem Stengel des Lotos hinabzusteigen. Nach langem Suchen findet er nichts. Er versenkt sich in Meditation.

Um die Meditation zu ergänzen und wirkungsvoll zu machen, erscheint Vishṇu dem Brahmā, segnet ihn und gebietet ihm, sich einer harten Askese zu unterziehen. Die Askese, die nach indischer Anschauung mit Wärme gleichzusetzen ist, ermöglicht es ihm, mit dem Schöpfungswerk zu beginnen.

Die Vorstellungen des Hinduismus von dem Entstehen der Welt, wie und durch welche Kraft der Schöpfergott gewirkt habe – dies alles sei nun zu einem Gesamtbild gefügt:

Die Schöpferkraft heißt *Māyā,* die Größe Gottes in der Welt, die dieses Universum in Bewegung setzt. Der Besitzer der Māyā schafft das All. – In manchen späteren Texten heißt die Schöpferkraft *Shakti,* das Können, die heilige Macht der Gottheit.

Die Schöpferkraft offenbart sich manchmal in der Macht des Wortes: *Vāc* heißt im Rig Veda das ergänzende weibliche Prinzip, das die Schöpferkraft Gottes ausdrückt und ihm zur Wirkung verhilft. Und Vāc ist das Wort, vor allem das rituelle Opferwort. Prajāpati sendet Vāc zu mächtiger Entfaltung in der Welt aus.

Die Brahmanas schreiben dem Prajāpati die Macht des schöpferischen Wortes direkt zu: „Er sprach *bhūḥ* (Erde), dies wurde Erde.“ – was als Befehl verstanden werden kann; der Rig Veda hatte gesagt: „Himmel und Erde standen auf Indras Gebot wie errichtet da.“ – Eine andere, tiefere Deutung: Das Wort ist eine Offenbarung des alles übersteigenden, unbestimmten Einen. Wenn es spricht, dann gestaltet es die Welt ...

Die ritualistischen Texte der Brāhmanas erklären sogar die ganze Schöpfung als Ritus. Das Opfer ist dort ein schöpferischer Akt, ein Abbild des Schöpfers Prajāpati. Durch Opferhandlungen schafft Prajāpati Mensch und Tier, Gewächs und Jahreszeiten.

Die indische religiöse Literatur beschreibt noch an manch anderen Stellen dieses Motiv der Schöpfung als Opferhandlung.

Die indischen Ekstatiker wenden die religiöse Selbstversenkung an, erlangen dadurch die Erhöhung ihrer geistigen Kräfte und eignen sich dabei erstaunliche Fähigkeiten an. Eine Entfaltung dieses Verfahrens schildern uns bereits indische Schöpfungsberichte. Das Ergebnis sei die Schöpfung als Kenntnis und Macht.

Dieser Vorstellung können wir auch die Idee vom Tanz des Schöpfergottes Indra und auch des Schöpfers Shiva zuordnen: Der Künstler stellt Shiva häufig als Tänzer dar, in einer Pose vollkommener Harmonie. Er tanzt inmitten eines großen Kranzes, an dem zahlreiche Flämmchen abwechselnd aufleuchten und verlöschen. So erscheinen und verlöschen die Welten ...

Doch die Herbeiführung der Schöpfung durch innere Glut *(tapas)* – in Indien der Askese gleichgesetzt – ist eines der häufigsten Motive. Die Schau einer Idee durch Selbstversenkung entfacht das tapas zur Verwirklichung. Die Idee wird sinnfällig:

„Prajāpati war im Anfang ganz allein. Er wünschte: Ich möchte körperlich existieren und mich fortpflanzen. Er gab sich Mühe, er übte tapas. Darauf kamen die drei Welten aus ihm hervor ...“

Die Welt kam also aus dem Gott hervor gleich einem Ausfließen, einer Emanation – oder besser gesagt: als eine Entlassung aus dem Ganzen, dem unbestimmten Einen, dem Schöpfergott.

Die Emanation verbindet sich häufig mit einem Vorgang der Materialisierung oder Konkretisierung. Die Wesen, Berge und Meere, der Geist in seiner Eigenart – das alles ist am Anfang ein

Ausfluß des Prajāpati oder einer anderen uranfänglichen Wesenheit.

Oft ist die innere Glut und Erhitzung *tapas* mit im Spiel:

„Prajāpati wünschte sich fortzupflanzen. Er übte tapas. Aus ihm entsprossen die Wasser. Diese erhitzten sich auf sein Wort. Da entsprang aus ihnen Schaum, daraus Lehm, daraus Sand ..., daraus Gestein, Erz, Gold."

Auch die Idee der Zeugung – der ungeschlechtlichen wie der geschlechtlichen – entwickelt sich. Einmal habe Gott Himmel und Erde aus dem eigenen Leib gezeugt; ein andermal wird die Welt durch Selbstbefruchtung gezeugt. Eine dritte Form beschreibt die geschlechtliche Zeugung: Zunächst habe der Vatergott durch Selbstbefruchtung eine Tochter gezeugt, dann die eigene Tochter geschwängert.

Schließlich finden wir einen Bericht über die Entstehung der Welt durch Zeugung sozusagen auf der zweiten Stufe: Der androgyne, zweigeschlechtliche Ātman sei in Mann und Frau auseinander gefallen, die sich dann begattet hätten, so daß die Menschen entstanden seien.

In manchen Texten hat sich die Vorstellung vom Entstehen der Welt aus *einem* Gott zu der Idee einer Zerstückelung des Urmenschen *Purusha* entwickelt, der ein riesenhaftes Mannsbild sei. Der Mythos von Purusha malt fast alle, uns nun schon bekannten Motive aus: Drei Viertel von Purusha sind das Unsterbliche im Himmel, ein Viertel fließt als Gesamtheit der Geschöpfe aus ihm. Er geht nach allen Seiten auseinander; durch Selbstzeugung entläßt er aus sich das weibliche Schöpfungsprinzip. Von diesem Prinzip, das das ganze Universum darstellt, läßt er sich als Welt gebären. Jetzt bringen die Götter den Purusha als Opfergabe dar. Die Einzelschöpfung entsteht aus ihm als eine Art Umwandlung – und zwar so, daß die Glieder und Elemente der Natur organisch den einzelnen Gliedern des Urwesens entsprechen: Sein Mund wird zum Brahmanen, seine Arme zum Adligen, sein Auge zur Sonne ...

Jan Gonda versteht den Purusha-Mythos als kleine Summe der philosophischen Überlegungen und theoretischen Spekulationen Indiens:

„Die Betonung der Universalität des Purusha und seines Cha-

rakters als Urwesen zeigt, daß man von der schon in Rig Veda 1, 164 erkannten Einheit alles Seienden Rechenschaft ablegen wollte; seine Opferung reflektiert die für selbstverständlich gehaltene Allmacht des Ritus, d. h. der höchstdenkbaren Tätigkeit; seine Vorstellung als Person die Ahnung der primären Bedeutung des Lebens und des Geistes. Zugleich erscheint die ganze Natur als Organismus, ähnlich dem menschlichen, und wird als Leib eines Urwesens aufgefaßt."
(Die Religionen Indiens. I, S. 187)

Der Sieg des Guten über das Böse

Iranische Schöpfungsmythen

Schon der griechische Geschichtsschreiber *Herodot* hat in seinem Bericht über den Iran und die iranische Religion einen Umstand betont, dem auch wir uns fügen müssen: Die Iraner haben ihre Erzählungen über die mythischen Zeiten weder in Malereien noch mit figürlichen Darstellungen veranschaulicht.

So können wir auf unserem Besuch in der Mythenwelt des Iran nur schriftliche Quellen heranziehen; unsere Vorstellungskraft wird mehr gefordert sein, weil sie ohne die Hilfe von Bildern oder Figuren auskommen muß.

Die iranischen Schöpfungstexte sind nicht umfangreich, und die Abfassungszeit mancher Texte der heiligen Schriften des Iran können wir nicht bestimmen.

Die Religion des *Zarathustra* darf als die Hauptreligion der Iraner gelten, deren heilige Schrift *Avesta,* d.h. *Wissen,* heilige Offenbarung sein will. Das *Zend-Avesta – Zend* bedeutet *Tradition* – schließt als kommentiertes Avesta die späteren Erläuterungen zu der Offenbarungsschrift ein.

Zwischen 1000 und 600 v. Chr. entstand wahrscheinlich das ursprüngliche Werk – mit Sicherheit die Verspredigten Zarathustras. Zur Zeit Alexanders des Großen ging das Avesta verloren. Aus seinen Resten stellten Priester im dritten bis vierten Jahrhundert n. Chr. eine verbindliche Sammlung von 21 Büchern, den *Nask,* zusammen. Sie sind in altiranischer Sprache geschrieben und wollen auf den damaligen Ritualismus und Polytheismus reagieren.

Fünf Teile enthält das heutige Avesta: den *Yasna* (Opfer), ein Ritualbuch, zu dem die *Gāthas* (Verspredigten) Zarathustras zählen; den *Vispered* (alle Herren), ein liturgisches Werk für Feiern; die *Yasht,* das sind Loblieder auf Gottheiten; den *Vendibad* (Gesetz gegen die bösen Geister), ein religiöses Gesetzbuch mit sittlichen und Reinigungsvorschriften, und schließlich das *Khorda,* d.h. das *kurze Avesta,* ein Gebetbuch.

Die Ergänzungsliteratur zum Avesta ist in mitteliranischer Sprache geschrieben. Die meisten dieser *Pehlevi*-Schriften wurden nach der arabischen Eroberung Persiens zusammengestellt. Das bekannteste dieser Werke ist der *Bundahishn* (die ursprüngliche Schöpfung) aus dem neunten Jahrhundert n. Chr., der vor allem von der Entstehung der Welt erzählt.

Wir deuten die iranische Darstellung der Weltentstehung durchweg nicht als mythische Umsetzung religiöser Erfahrung. Sie zeigt mehr den Charakter philosophischer Betrachtung, indem sie über Weltsystem und Menschenleben nachsinnt – ein philosophischer Versuch, der sich ab und zu mythenähnlicher Veranschaulichung bedient: Das Gute und das Böse wettstreiten miteinander. Schließlich läßt die hoffnungsfrohe Auffassung das Gute überlegen sein und endgültig siegen, im Lauf der Zeit und durch den Lauf der Zeit ... Doch davon später mehr!

Die kosmogonischen Texte nennen *Ahura Mazda* oder *Ormazd.* Er ist höchster Gött, Herrscher und Schöpfer, dessen körperliche, geistige und sittliche Eigenschaften gepriesen werden: Er sei „der glänzende, majestätische, größte, beste, schönste, verständigste, mit schönstem Körper begabte, heiligste, weiseste, alles mithin erfreuende".

Ahura Mazda ist Urheber der „guten Schöpfung". Wir kennen über ihn keine mythischen Erzählungen im eigentlichen Sinn. Er hat keine Göttin zur Gemahlin genommen, er ist nicht mit anderen Göttern verwandt, er ist nicht entstanden, sondern einfach da – das unterscheidet ihn von den Göttern der polytheistischen Religionen.

Sein Gegner ist *Angra Mainyu* oder *Ahriman,* der böse Geist, das Prinzip „der wilden Zerstörung, der negativ-finsteren, nur auf Schlechtes sinnenden und stets Schlechtes schaffenden" Gesellschaft.

Der Kampf zwischen den beiden Gegnern, die Zweiheit von Gut und Böse prägt die Erzählungen von der Weltentstehung und das gesamte Weltbild der Iraner. Die Beschreibung dieses Kampfes ist die Veranschaulichung eines philosophischen Gedankengebäudes, das den Kampf zwischen Gut und Böse als Angelpunkt des Daseins und der sittlichen Bemühung versteht.

Der Philosoph *Richard Hönigswald* stellt dazu fest: „Schon in den ältesten Dokumenten wird dieser Kampf eindrucksvoll und in den lebendigsten Farben geschildert. Ahura Mazda schafft einen ‚Ort der Anmut'. ‚Den ersten und besten der Orte und Plätze habe ich geschaffen, ich, der ich Ahura Mazda bin.' In Opposition hierzu steht das Wort des Angra Mainyu, ‚voll des Todes, eine trostlos-unwirkliche Gegend, mit zehn Winter- und nur zwei Sommermonaten'.

Und auch allen anderen guten Ländern, die Ahura Mazda schafft, stellt das negative Prinzip ‚Übel' und ‚Verderben' entgegen. So aber scheiden und bekämpfen sich auch die guten und bösen Geister *(Amesha Spentas* und *Daevas)* unter der Herrschaft ihrer Führer Ahura Mazda und Angra Mainyu. Die polare Entgegensetzung der beiden Prinzipien ‚Gut' und ‚Böse', ‚Licht' und ‚Finsternis', ‚Aufbau' und ‚Zerstörung', kurz das, was man als theologischen ‚Dualismus' der (iranischen) Religion zu bezeichnen pflegt, springt in die Augen" (S. 88).

Sogar Ahura Mazda selbst spricht diesen Dualismus in einer Stellungnahme gegenüber seinem Gegner aus; der Text erzählt:

„*Und ich will reden von den beiden Geistern im Anbeginn des Lebens, von denen der Heilige also sprach zum Argen: ‚Nicht werden unsere beiderseitigen Gedanken noch Lehren, noch Erkenntnisse, noch Bekenntnisse, noch Worte, noch Werke, noch Gewissen, noch Seelen zusammenstimmen.*'"

Der *Yasna,* Teil des heutigen Avesta, führt nun die sittliche Beschaffenheit des Menschen auf dessen Entscheidung für eine der beiden widersprüchlichen Mächte zurück:

„*Und im Anbeginn waren diese beiden Geister, die Zwillinge, die nach ihrem eigenen Worte das Gute und das Böse im Denken, Reden und Tun heißen. Zwischen ihnen beiden haben die Guthandelnden richtig gewählt, nicht aber die Schlechthandelnden. Und als diese beiden Geister zuerst zusammenkamen, da bestimmten sie Leben und Tod, und daß zuletzt sein soll für die Falschgläubigen das schlimmste Dasein, aber für den Rechtgläubigen der Lohn der Guten Gesinnung. Unter diesen beiden Geistern erwählte der Falschgläubige das Schlechteste zu seinem Tun, aber der Heilige Geist das Rechte, er, der die festesten Himmel als Gewand anlegt, und mit ihm zusammen alle, welche es dem Herrn durch lauteres Tun zu Dank machen wollen, sich offen zu Mazda bekennend" (Yasna 30).*

Die beiden Urwesen scheinen zunächst die beiden Ausdrucksweisen des alten indoiranischen Gottes *Vayu* widerzuspiegeln, nämlich den guten Wind und den bösen Wind. Vayu ist der Wind, der Gott der Atmosphäre, ein bedeutender Hochgott. Der Wind ist nicht nur Anfang aller Dinge, sondern auch der Pfeiler, der Himmel und Erde miteinander verbindet, der abgehauene Weltenbaum. Vayu stand im Mittelpunkt gewisser Überlegungen zur Weltentstehung.

Vayu nimmt im iranischen Weltbild, das drei Welten zählt, die zentrale Stellung ein. Er ist das treibende Prinzip im Weltall, gleichsam die Hauchseele des ganzen Kosmos. Die Vorstellung versteht den Kosmos wiederum als Körper der Gottheit.

Der Streit zwischen Gut und Böse steht schon am Anfang der mythischen Entwicklung: Dort kämpfen zwei Urtiere miteinander – zweifellos von Ormazd abhängige Geister. Bald setzt die Vorstellung den guten Geist mit Ormazd gleich, während der Böse eine gewisse Selbstbestimmung und Selbständigkeit erlangt. Doch zeigt sich eine Abhängigkeit des Bösen hierin: Von vornherein kennt der gute Geist die Pläne des Bösen, zieht ihm seine Grenzen und legt frei und weise den Augenblick seiner endgültigen Niederlage fest.

Ein Mythos aus dem Westen Irans erzählt von *Zurvan,* dem Gott der Zeit, besser gesagt: der göttlichen Zeit. Nach einem ungewöhnlichen, eigenwilligen und nur von den christlichen und später den muslimischen Religionsverteidigern bezeugten Mythos stammen die beiden Urwesen Ormazd und Ahriman aus demselben Vater Zurvan. Tausend Jahre lang, so erzählt der Mythos, hatte Zurvan Opfer dargebracht, um einen Sohn zu bekommen. Schließlich verzweifelte er an der Unwirksamkeit seiner Handlungen. – Erstaunlich mag wirken, daß Zurvan, der höchste Gott, Opfer darbringt, obwohl neben ihm kein Adressat für Opferhandlungen zu sehen ist. Dies ist nur im Zusammenhang mit der großen und einmaligen Bedeutung zu verstehen, welche die Iraner den Riten des Kults beimessen: Der Ritus trägt für sie in sich selbst einen Sinn, auch wenn der Kult keinen Gott als Gegenstand kennt, dem die Huldigung gewidmet ist.

Zurück zum Mythos: Zurvan hatte also an der Wirksamkeit

seiner Opfer gezweifelt. Gerade aus diesem Zweifel ging Ahriman hervor. Ormazd aber verdankt seine Entstehung den Opfergaben, die Zurvan ständig dargebracht hatte.

Ormazd und Ahriman weilen noch im Leib ihrer Mutter – nach einer Spielart im Leib ihres zweigeschlechtlichen Erzeugers –, als Ahriman begreift, daß dem Erstgeborenen die Vorrechte der Herrschaft zufallen werden. Er beeilt sich deshalb, noch vor Ormazd zur Welt zu kommen. Sein Vorhaben mißlingt. Nun bleibt dem Zurvan nichts anderes übrig, als die Zeit der Welt unter beide aufzuteilen – mit der Zusicherung an den Gott des Guten, ihm werde der Sieg gehören.

Dieser Mythos ist uns einwandfrei belegt, daß an seiner Echtheit kein Zweifel möglich ist. Er bestätigt die iranische Vorstellung vom Dualismus und versetzt den Kampf zwischen Gut und Böse schon vor die Erschaffung der Welt, vor ihre Geburt ...

Die Alt-Iraner stellen uns eine Idee von der Weltentstehung vor, die das Thema der Gegensätzlichkeit von Gut und Böse noch nicht kennt. Dieser Erklärungsversuch gehörte zur Kosmologie der Iraner, bevor ihnen Zarathustra seine Botschaft verkündete und den Ursprung der Welt mit der Tätigkeit der beiden Geister begründete. Die alte Vorstellung faßt den Kosmos als Leib und Gottheit auf; weiter spricht sie von der Schwangerschaft des höchsten Gottes und beschreibt den embryonalen Zustand und die Entwicklung des Fötus. Einmal sei der Fötus die Welt selbst, ein andermal ein kosmischer Urmensch, den die zweigeschlechtliche Gottheit gebäre. Lassen wir den Text nun selbst weitersprechen:

„Und davon brachte er die ganze Schöpfung zustande. Und als sie zustande gebracht war, trug er sie in seinem Körper. Und er nahm immer zu und alles wurde immer besser, und dann schuf er sie, einen nach dem anderen, aus seinem eigenen Körper.
Und zunächst schuf er den Himmel aus seinem Haupte ...
Und er schuf die Erde aus seinen Füßen ...
Und er schuf das Wasser aus seinen Tränen ...
Und er schuf die Pflanzen aus seinem Haar ...
Und er schuf das Feuer aus seinem Sinn.“

Nach einem Weltzeitalter von dreitausend Jahren wird der Urmensch geboren. Dann geht dadurch das Weltall aus dem

Leib der Gottheit hervor. Jeder Körperteil des kosmischen Urmenschen entspricht dann einem Teil des sichtbaren Kosmos; die Glieder des Urmenschen bilden die Elemente der Welt. – Der Vergleich von Welt und göttlichem Urmenschen mündet in der Anschauung, der einzelne Mensch sei seinerseits eine kleine Welt. Wir begegnen hier also der sogenannten Makrokosmos-Mikrokosmos-Spekulation, die in der Folgezeit eine bedeutende Rolle gespielt hat.

Im Bundahishn wird in Übereinstimmung mit dem Geburtsablauf des gewöhnlichen Menschen die Entstehung des Urmenschen beschrieben; die Welt, die Schöpfung Gottes, wird wie ein Embryo im Leib Gottes gebildet und entwickelt, dann geboren. Der Text faßt zusammen: „Auch jetzt noch auf der Erde wird man im Mutterleib nach diesem Vorbilde geformt, entwickelt und geboren."

Die heilige Schrift der Iraner soll uns mit einer feierlichen Passage in die Erzählung von der Schöpfung im Kampf der beiden Geister einführen:

„Das frage ich dich, sage mir der Wahrheit gemäß, o Herr: Wer war der erste Erzeuger und Vater des Gesetzes? Wer machte der Sonne und den Sternen ihre Bahn? Wer, daß der Mond zunimmt und bald abnimmt? Alles das, o Weiser, wünsche ich und anderes zu wissen. Das frage ich dich, sage mir der Wahrheit gemäß, o Herr: Wer befestigte die Erde unten und die Wolken, auf daß sie nicht herabfallen? Wer schuf Wasser und Pflanzen? Wer schirrte dem Wind und den Wolken die beiden Renner? Das frage ich dich, sage mir der Wahrheit gemäß, o Herr: Welcher Künstler schuf den Schlaf und das Wachen? Wer den Morgen, Mittag und die Nacht, die den Verständigen an ihren Zweck gemahnen?" (Yasna 44).

Der Text beschreibt die Entstehung der Welt als Geschichte des Kampfes zwischen Ahura Mazda und Angra Mainyu. Die Weltwerdung dauert zwölftausend Jahre – vier Weltzeitalter von je dreitausend Jahren.

Im Vorfeld dieses Schauspiels bemerkt Angra Mainyu den Ahura Mazda und will sich auf ihn stürzen. Der aber weist ihn zurück. Die beiden Prinzipien trennen sich. Sie schließen einen Waffenstillstand für neuntausend Jahre.

In den Jahren 1 bis 2999 ruft Ahura Mazda die geistige Schöpfung hervor. Er erschafft die Engel, die guten Geister und die *Fravashis*, die geistigen Urbilder der Menschen. All dies ist bisher nur übermenschliche, nicht versteh- und greifbare Wirklichkeit.

Die Jahre dreitausend bis 5999 sehen diese transzendente Wirklichkeit sichtbar werden: Sie wird materiell *(getah)*, geht auf die Erde über und weilt dort in vollendetem, sündlosem Zustand unter der Herrschaft des Urmenschen *Gayomart* und der *Seele des Stiers*, des Musterwesens der Tierwelt.

„Solches sind die Werke Ahura Mazdas, des hohen Herrn: Urbarmachung des Bodens, Ackerbau, Bewässerung des trockenen Landes, Entwässerung von Mooren und Sümpfen, Viehzucht und Vermehrung alles Lebenden, körperliche und sittliche Reinheit, Fleiß und Aufrichtigkeit, Treue und Wahrhaftigkeit, Einigkeit und Mildtätigkeit."

Angra Mainyu sieht mit Bestürzung den Vorsprung, den der gute Gott für den späteren Entscheidungskampf gewonnen hat. Er rafft sich zu Gegenmaßnahmen auf, wird aber von Ahura Mazda durch das Aussprechen der heiligen *Ahunavairya*-Formel – das ist eine Opfer-Formel – ohnmächtig in Schach gehalten.

Im dritten Akt – den Jahren sechstausend bis 8999 – dringt Angra Mainyu schließlich in die Welt ein und macht den Urmenschen und den Urstier nieder. Über die ganze Erde verbreiten sich die Dämonen, die er geschaffen hat. Aus dem Samen des Urmenschen entsteht das erste Menschenpaar, aus dem des Urstiers das Vieh. In der Welt ist jetzt das Gute mit dem Bösen vermischt. Überall, wo Ahura Mazda Reines und Gutes schafft, setzt ihm sein Widersacher Böses entgegen, zur Verderbnis des Guten und Edlen. Angra Mainyus Werk sind schlechtes Land, schlechtes Wetter, wilde Tiere und giftige Insekten, Krankheiten und Unfruchtbarkeit, Lüste und Sünden. – Wir kennen diese Motive aus Nordamerika: Dort hatte *Coyote* versucht, das gute Schöpfungswerk des Silberfuchses auf solche Weise zu verderben. – Alles, was öde und kahl ist, Sumpf und Moor, Heide und Fels, sind die Lieblingsorte der *Daevas*, der dämonischen Diener Angra Mainyus.

Im vierten Kapitel der Weltentstehung – in den Jahren neuntausend bis zwölftausend – sendet Ahura Mazda den Zarathustra zur Hilfe der Menschen herab. Dessen geistiges Seelenwesen war schon zu Beginn der zweiten Periode geschaffen worden, hatte aber bisher in der transzendenten Welt gelebt. – Je länger nun die Zeit des hilfreichen Propheten zurückliegt, desto schlechter wird der allgemeine und sittliche Zustand der Welt. Nach tausend Jahren entsteht aus dem Samen Zarathustras, der in einem See aufbewahrt wurde und dort in eine badende Jungfrau gelang, ein neuer Prophet. Er führt in der Welt für kurze Zeit Besserung herbei. Nach einem Jahrtausend geschieht Gleiches, und schließlich wieder nach einem Jahrtausend, wenn diese Periode ihr Ende erreicht hat.

Saoshyant (Helfer), der letzte dieser Heilande, wird dann die Auferstehung der Toten herbeiführen. Jetzt beginnt der entscheidende Kampf zwischen Gut und Böse, der mit der Vernichtung Angra Mainyus und alles Bösen enden wird. Ein feuriger Metallstrom läutert die Welt, die eine vollkommene Verklärung erfährt: Ahura Mazda herrscht jetzt allein über selige Wesen.

Der Bundahishn erzählt über die irdische Schöpfung:

„Als der Böse Geist zu Boden geschlagen und überwunden war, lag er 3000 Jahre zu Boden geschlagen, betäubt. Während dieser Unfähigkeit des Bösen Geistes brachte Ōhrmazd die irdische Schöpfung hervor. Aus dem Unendlichen Licht brachte er das Feuer hervor, aus dem Feuer den Wind, aus dem Wind das Wasser, aus dem Wasser die Erde, die materielle Welt, in der alles Stoffliche enthalten ist ... Alles entstand aus dem Wasser, außer dem Samen der Menschen und der Tiere, denn dieser Samen ist ein Samen aus Feuer.

Und zuerst schuf er den Himmel als Abwehr. Einige nennen ihn ‚den Ersten'. Zweitens schuf er das Wasser, um den Dämon des Durstes zu erschlagen. Drittens schuf er die Erde, in der alles Stoffliche enthalten ist. Viertens schuf er die Pflanzen, um den wohltätigen Tieren zu helfen. Fünftens die Tiere, um den gerechten Menschen zu helfen. Sechstens schuf er die gerechten Menschen, um den bösen Geist und alle Dämonen zu erschlagen und unwirksam zu machen. Dann schuf er das lodernde Feuer, dessen Glanz aus dem Unendlichen Licht stammt. Mit ihm ist die Art des Guten verbunden, das dem Feuer lieb ist. Und dann brachte er den Wind (das ist der Lebenshauch) hervor in der Gestalt des Männlichen, eines Jünglings von 15 Jahren, der das Wasser und die Pflanzen und die Tiere und den gerechten Menschen, alle seienden Dinge, trägt und erhält."

Über die Unterschiede zwischen den Menschenarten läßt der Bundahishn den Schöpfer sprechen:

„Die Menschen sind von mir in zehn Arten erschaffen: der erste (ist) der lichte, strahlenäugige, d. h. Gayōmart; auf zehn Arten (kommt man), indem eine (Art) Gayōmart ist, die (zweite bis) neunte (aber) von Gayōmart ausgingen. Die zehnte (ist die der) Affen, der schlimmsten unter den Menschen."

Wie das erste Menschenpaar entstand, wie die Gegenstände des Besitzstrebens, wie menschliche Sterblichkeit und Seele in die Welt kamen, will der Text uns so erklären:

„Als die Krankheit über Gayōmart kam, fiel er auf die linke Seite. Aus seinem Kopf kam das Blei, aus dem Blute das Zinn, aus dem Gehirn das Silber, aus den Füßen das Eisen, aus den Knochen das Kupfer, aus dem Fett das Kristall, aus dem Fleisch der Stahl und aus dem Aushauch der Seele das Gold zum Vorschein, (das Gold), um das jetzt, seines Wertes wegen, die Menschen ihre Seele hingeben. Weil die Sterblichkeit in den Körper Gayōmarts kam, ist die Sterblichkeit über alle Geschöpfe gekommen bis zur Verklärung. Als Gayōmart beim Verscheiden den Samen (von sich) gab, läuterte man diesen Samen im Licht der Sonne. Zwei Drittel davon nahm Nēryōsang in Obhut und ein Drittel empfing Spandarmat. 40 Jahre wuchsen in Gestalt einer Rhabarberstaude mit einem Stengel und 15 Blättern Mahrē und Mahryānē aus der Erde empor, dergestalt, daß ihre Hände an den Schultern lagen. Und, eines mit dem anderen verbunden, waren sie immerfort von demselben Stamm. Und zwischen sie beide trat der Glücksglanz ein (?). Sie waren so sehr von demselben Stamm, daß es nicht offenbar war, welches der Mann sei und welches das Weib, und welches der von Ōhrmazd geschaffene Glücksglanz sei, der bei ihnen war, der Glücksglanz, für den die Menschen geschaffen sind (?). Denn es heißt: ‚Was wurde früher geschaffen, der Glücksglanz oder der Körper?' und Ōhrmazd sprach: ‚Der Glücksglanz wurde früher geschaffen und der Körper hernach' ... Danach wandelten sich beide aus Pflanzengestalt in Menschengestalt, und der Glücksglanz trat auf geistige Weise in sie ein, das ist die Seele. Und nun wuchs nach diesem Ebenbild ein hoher Baum empor, dessen Früchte die zehn Menschengattungen waren.

Ōhrmazd sprach zu Mahrē und Mahryānē: ‚Menschen seid ihr, die Eltern der irdischen Wesen seid ihr, und ich habe euch Vollkommenheit des Sinns als das Vortrefflichste gegeben. Tut Werke des Gesetzes und (bewahrt die) Vollkommenheit des Sinnes, denket das gut Gedachte, saget das gut Gesagte, tut das gut Getane, (aber) die Dämonen ehret nicht!'"

Neben den zehn Arten uranfänglicher Menschen habe es weiter fünfzehn Arten gegeben. Sämtliche 25 Arten seien dem Samen Gayōmarts entstammt: die Menschen der Erde, die des Wassers, die mit Ohren auf der Brust, die mit einem Bein, und auch diejenigen, die Flügel besitzen, wie die Vögel; und die Waldbewohner mit Schwanz, die Haar an ihrem Körper haben wie die Tiere, die man Bären nennt, die Affen, die Mazandaranier (?), deren Höhe sechsmal so groß ist wie die der Mittelgröße, und die Zwerge, deren Höhe ein Sechstel ist von derjenigen der Mittelgröße ...

Die Geschichte der Religion und der philosophischen und theologischen Literatur kennt zwei Sorten von Mythen: Die eigentlichen Mythen geben archetypische Modelle wieder, also Grundmuster des menschlichen Daseinsverständnisses und -vollzugs. Doch Philosophen oder Theologen haben sich andere Mythen als Anschauungsmittel erdacht, z. B. Platon seine Schöpfungsmythen, die er zur Illustrierung seiner Theorie zusammenstellte.

Wir haben den Eindruck, die Schöpfungsmythen der Iraner zur zweiten Mythensorte zählen zu dürfen, denn sie illustrieren ein dualistisches System, von dem das iranische Weltbild beherrscht wird. Zwar enthalten diese Mythen viele primitive Elemente, die uns auf ihre Verwandtschaft mit älterem, wirklich mythischem Material hinweisen. Aber die Erzählungen, die wir in der heutigen Form in den Avesta lesen, scheinen mehr die Aufgabe zu haben, Anschauungsmittel zu sein. Zarathustra hatte zwar die alten mythischen Elemente übernommen und in sein dualistisches System eingefügt. Doch kann der Text des Bundahishn mehr als anschauliche Entfaltung der systematischen Elemente der iranischen Vorstellungen gelten.

Die iranischen Erzählungen von der Entstehung der Welt zeichnen sich durch einen eigenartigen Optimismus aus. Obwohl der gute und der böse Geist in der Welt wirken und gegeneinander kämpfen, ist der Ausgang des Kampfes doch schon von Anfang an bestimmt: Ōrmazd, das gute Prinzip, wird über Ahriman, das Prinzip des Bösen, siegen.

Der Sieg des Guten verbindet sich mit der festen Harmonie der Weltordnung. Der Kampf, auch der sittliche Kampf des Guten gegen das Böse, beruht auf dem Glauben an die bestimmende Ordnung, die als Werk des guten Geistes im Kosmos waltet.

Das iranische System scheint zwei Voraussetzungen zum endgültigen Sieg des Guten für notwendig zu halten. Das Element der *Zeit* fügt sich manchmal sogar als *Zurvan akarāna,* als ewige Zeit, in das System ein. Aber auch das Dasein der begrenzten Zeit ist nötig, denn die Entfaltung der Schöpfung durch die Phasen der Weltzeitalter zielt darauf ab, das Böse zu besiegen und zu beseitigen. Ohne die Zeit könnte das Böse seine Kräfte nicht entfalten. Mit der Zeit aber kann das Böse seinen Widerpart spielen. – Wie der Tod im Leben des Menschen das Ende des Leidens und Übels bedeutet, so verheißt auch die Entfaltung der Zeit das Ende des kosmischen Übels und ermöglicht den endgültigen Sieg des Guten über das Böse.

Der *Ritus* versteht sich nicht allein als kultische Handlung zur Verehrung der Gottheit. Der Ritus trägt Wert in sich, einen absoluten Wert. Er spielt eine kosmogonische Rolle und trägt zur Erhaltung der Weltordnung bei. Der höchste Gott Zurvan hatte Opfer ohne Adressaten dargebracht; der Ritus hatte einen Eigenwert, der sich darin wirksam zeigte, daß dem Zurvan der Sohn Ahura Mazda geschenkt wurde – der Schöpfergott, der gute Geist.

Solange die Opfer in Übereinstimmung mit der wahren Religion und nach den genauen Vorschriften dargebracht werden, wird die Erneuerung der Welt und ihre Befreiung vom Bösen voranschreiten. Das letzte Opfer, das die endgültige Erneuerung der Welt und den endgültigen Sieg des Guten herbeiführen wird, wird am Ende der Weltzeitalter gefeiert werden. – Aber jetzt schon ist jedes Opfer ein Symbol dieses letzten Opfers der Erneuerung. Und jede menschliche Handlung, soweit sie mit der Norm der wahren Religion übereinstimmt, der Weltordnung entspricht, gilt als liturgische Handlung, als Ritus. Sie trägt dazu bei, das angestrebte Ziel zu erreichen. – Dem fruchtbaren und wirksamen Opfer des Ursprungs entspricht so das Opfer der Endzeit. Die Auffassung von der Endzeit – die Eschatologie – wiederholt die kosmogonische Auffassung: Der Anfang und das Ende der Welt und der Zeit stimmen überein in der Sicherung der Herrschaft des Guten.

Himmel und Erde umarmen sich

Griechische Schöpfungsmythen

Die Überlieferungen der alten Griechen sind reich an Sagen und üppigen mythischen Schilderungen. Gleichwohl interessieren sie sich vor allem für die Götter. Sie beschreiben ihre Entstehung, ihr Leben, ihre Abenteuer, ihre Kämpfe untereinander, ihren Sieg oder ihre Niederlage und endlich auch ihr Verschwinden von der Bühne der Götterwelt.

Der Zyklus der Theogonie erzählt vom Ursprung der Verschiedenen Götter. Der „Olympierzyklus" wendet sich dem schillerndsten und mächtigsten Kreis der Götter zu, den Olympiern. Der Olymp gilt als der Götterberg, auf dem vor allem *Zeus* als Oberhaupt der Götter herrscht. Eine dritte Gruppe von Mythen und Legenden, der „Heldenzyklus", beschäftigt sich mit Heldengestalten, die nicht mehr ganz der mythischen Ebene angehören, weil ihre Darstellung mit tatsächlichen geschichtlichen Ereignissen – wie dem Trojanischen Krieg – verflochten ist.

Fragen wir die alten Griechen nach ihren Mythen zur Schöpfung, dann verweisen sie uns auf den Zyklus der Theogonie.

Für die alten Griechen besteht die Welt aus dem Himmel oben, der Erde in der Mitte und der Unterwelt. Der Himmel ist eine Kuppel, die sich zu beträchtlicher Höhe über die Erde erhebt. Diese Kuppel ist aus festem Stoff, aus Bronze oder Eisen. Der Himmel berührt die Erde am Horizont – im Osten an dem Ort, an dem die Sonne aufgeht, im Westen dort, wo sie untergeht und sich der Eingang zum *Hades* – zum Totenland – befindet.

Durch den Eingang des Hades im Westen oder durch eine der vielen Spalten im Gestein des griechischen Landes ist die Unterwelt erreichbar. Die Unterwelt ist das Land der Dunkelheit, die

Wohnung der Toten und der Ungeheuer, die Zeus dort in Gefangenschaft hält.

Ein Mythos erzählt von dem Kampf zwischen Göttern und Titanen, die als Kinder des Himmels und der Erde vor Zeus und den Olympiern geherrscht haben: Ein Amboß fällt neun Tage und neun Nächte vom Himmel herab und erreicht am zehnten Tag die Erde; neun Nächte und neun Tage fällt er auch von der Erde herab und erreicht am zehnten Tag den *Tartaros,* den Strafort der Unterwelt.

Um den Tartaros, die Feste der Unterwelt, zieht sich eine eherne Mauer und lagert sich die Nacht dreifach. Darüber wachsen die Wurzeln der Erde und des öden Meeres.

Okeanos, der große, im Kreis fließende Strom, bildet die Grenze der Erdfläche.

Die uralte Mythologie der Griechen übersichtlich darzustellen, ist ein schwieriges Unternehmen. Denn die mythologischen Erzählungen sind zahlreich und sehr verästelt.

Wir dürfen bei unserem Versuch nicht vergessen, daß die Griechen während ihrer Einwanderung in das Land, das später nach ihnen genannt wurde, ein Volk antrafen, das seine eigenen Götter, religiösen Vorstellungen und Riten besaß. Den Griechen waren diese Götter, Vorstellungen und Riten fremd. Vielleicht haben sie dann versucht, die vorgefundene religiöse Kultur mit ihrer eigenen zu verbinden. Der Mythos half ihnen, alle Unterschiede in den Vorstellungen und Überlieferungen mit den ihren in Einklang zu bringen. Denn sie wollten ihre Götter in denen des neuen Landes wiedererkennen.

Die griechischen Mythen entstanden an verschiedenen Orten und verschiedenen Stadtstaaten. Die Verknüpfung der Mythenstränge und die ständigen Kontakte zwischen den vielen Stadtstaaten führten dazu, daß die Erzählungen sich sozusagen vereinheitlichten. Die Mythen einer Stadt kehrten nach ihrer Berührung mit anderen Überlieferungen bereichert zurück.

Einer der ältesten Schöpfungsmythen der Griechen knüpft an das einfache Weltbild von Himmel und Erde an. Die Welt entsteht aus dem hieros gamos, der heiligen Ehe von Mutter Erde und dem Himmel. Der Himmel befruchtet die Erde durch den Regen und die von seiner Sonne ausstrahlende Wärme. Die Erde gebiert, was sich in jedem Jahr wiederholt. Einmal muß es zuerst geschehen sein.

Regen und Wärme sind die Urheber alles Lebens: der Pflanzen, Tiere und Menschen. Die Erde wird als Gebärerin und Erhalterin, der Himmel als der Erzeuger empfunden. Der Mythos verbindet beide zu einem Urelternpaar, dessen Umarmung den Schöpfungsakt bedeutet. Nach diesem Urmodell des hieros gamos von Himmel und Erde vollzieht sich die Vermählung von *Uranos* und *Gaia* oder Zeus und seinen verschiedenen Gattinnen in anderen Mythen. Wenn auch andere Gottheiten den Platz der Mutter-Erde einnehmen, bleibt das Motiv bestehen, das die Schöpfung mit der fruchtbaren Ehe vergleicht und als göttliche Erzeugung versteht.

Wie es scheinen will, liegt diese ursprüngliche Auffassung der Theogonie des Dichters *Hesiod* (um 700 v. Chr.) zugrunde, dessen Darstellung der Entstehung der Welt wir nun folgen wollen:

Am Anfang war das Chaos. Das Chaos ist keine Gottheit, sondern nur ein leeres „Gähnen". Dann entstand Gaia, die Erde, mit breiten Brüsten. Gaia ist der feste und ewige Sitz aller Gottheiten, die hoch oben auf dem Berg Olymp oder in der Erde selbst wohnen. Auch *Eros,* das Weltprinzip, existierte schon.

Vom Chaos stammt das *Erebos,* der ungeheure unterirdische Raum, die lichtlose Finsternis der Tiefen, und auch *Nyx,* die Nacht. Die Nacht gebiert den Äther, das reine, klare Licht in den höchsten Gegenden des Himmels. Die Nacht gebiert auch den Tag, der die Erde erhellt und mit der Nacht wechselt. – Äther und Tag sind also die Kinder der Nacht, von der Nacht durch ihre Vereinigung mit Erebos, der Finsternis, geboren. Denn Eros war auch da, gleichzeitig mit Gaia – Eros: die Liebe, das Verlangen nach Vereinigung, das Prinzip der unvorstellbaren kosmischen Vereinigung zwischen den Urelementen des Universums.

Gaia gebiert als ihresgleichen den gestirnten Himmel *Uranos.* Danach gebiert die Erde ohne Mitwirkung eines Partners und ohne Eros die Gebirge, in deren Tälern so gerne die Nymphen wohnen. Sie gebiert auch das öde, schäumende Meer, den *Pontos,* das männliche Prinzip, die mächtige, brutale Flut.

Nachdem Gaia nun die wichtigsten Bestandteile der irdischen Ausstattung hervorgebracht hat, gibt sie sich der Umarmung des Himmels hin. Zum einen entstehen daraus die Titanen. Nach allgemeiner Ansicht verkörpern sie die Naturgewalten. Zum anderen entsprießen dieser Vereinigung die *Kyklopen.* Sie vertreten die Handwerke: So schmieden sie dem Zeus seine Blitze. Schließlich kommen aus der Verbindung noch weitere Gottheiten hervor; sie repräsentieren die vollständige Ausstattung der Welt, nämlich alles, was dem Kosmos Ordnung gibt und bewahrt, alles, was die zukünftige Welt der Menschen bewohnbar macht, und alles, was der psychologischen und religiösen Auffassung der Menschen vom Ablauf der Welt und vom Schicksal entspricht.

Der Dichter *Homer* erzählt uns einen anderen alten Mythos von der Entstehung der Dinge. Er nennt den Okeanos den „Ursprung der Dinge" und den „Ursprung von allem".

Okeanos ist Fluß, Strom, aber auch Gott. Wie alles Wasser, so besitzt Okeanos eine unerschöpfliche Zeugungskraft. Mit Okeanos vereinigt sich *Tethys,* eine Ur-Wassergöttin. Die Vereinigung der beiden Prinzipien der Fruchtbarkeit bringt eine große Anzahl von Söhnen und Töchtern hervor. Die Söhne sind die Flüsse, nach Hesiod dreitausend an der Zahl. Alle Flüsse, Quellen und Brunnen, ja das ganze Meer, entspringen fortwährend dem breiten, starken Strom des Okeanos.

Die Fruchtbarkeit dieses Paares wäre grenzenlos, fände seine Vereinigung kein Ende. Deshalb – so erzählt Homer – enthalte sich das Urpaar schon seit langer Zeit der Zeugung. Okeanos begnügt sich seitdem damit, die Flüsse, die Quellen und das Meer zu nähren, im Kreis um die Erde zu laufen und unter der Herrschaft des Zeus zu stehen. Er hat also nur noch an der geordneten Fruchtbarkeit von Wasser und Erde im Kosmos Anteil.

Eine dritte Erzählung vom Ursprung der Dinge finden wir in den orpheischen Mythen. Das sind die Schriften, die die Anhänger des Sängers *Orpheus* bewahrten. Wir vermuten, daß dieser Mythos wahrscheinlich eher bei Jägern und Waldbewohnern als bei den Menschen am Meer entstand:

Am Anfang ist die Nacht. Die Nacht ist ein Vogel mit schwarzen Flügeln. Sie wird vom Wind befruchtet und legt in den Riesenschoß der Finsternis ein silbernes Ei. Aus dem Ei kommt Eros, der Sohn des Windes, mit goldenen Flügeln hervor. – Die Gestalt des Eros trägt auch andere Bezeichnungen als *Liebesgott.* Nach diesem Mythos heißt er *Protogonos,* der Erstgeborene, und auch *Phanes,* der ans Licht Tretende, der Erscheinende, und auch derjenige, der alles, was im Ei verborgen gewesen ist, ans Licht bringt: die ganze Welt.

Eine Variante erzählt, im Ei habe die Erde sich in der unteren Hälfte befunden. Als Eros sie ans Licht bringt, zwingt er sie zur Vermischung mit der oberen Hälfte. Himmel und Erde begatten sich und zeugen das Geschwisterpaar Okeanos und Tethys.

Bis hierher haben wir uns von den alten Griechen nun schon die wichtigsten Einzelheiten von der Entstehung der Welt erzählen lassen. Aber diese Welt ist den widersprüchlichsten Kräften ausgeliefert. Denn die Fruchtbarkeit *Gaias* hat manche Götter hervorgebracht, die nicht in Frieden miteinander auskommen wollen. – Die Schöpfungsgeschichte zeigt eben nicht nur Entwicklung, sondern auch Zerstörung, nicht nur Fortschritt, sondern auch Hemmnis. Die Ordnung der Welt wird von den Kämpfen der Olympier unter Zeus gegen die Titanen der Unterwelt und auch gegen die Giganten erschüttert. Die Gegner der Ordnung sind die Kräfte des Chaos, der Finsternis, des ungeordneten Meeres. Schließlich erringt Zeus den Sieg, festigt die bedrohte Ordnung oder stellt sie wieder her.

Wie sich Sommer und Winter, Tag und Nacht, Sonnenschein und Regen im Kampf der Elemente abwechseln und unterirdische Gewalten in Erdbeben, Vulkanausbrüchen und Sturmfluten noch jetzt das Bild der Erdoberfläche verändern, so erklärten sich die Griechen die Entstehung und Gestaltung der Erde nicht nur aus dem Schöpfungsdrang der Urgötter, sondern auch aus dem Zerstörungsdrang der Gegenkräfte. Daher also die mythische Vorstellung von den Kämpfen der Götter gegen zerstörerische Kräfte.

Es gibt in den Erzählungen über die Kämpfe des Zeus eine erstaunliche Gegebenheit, die wir hervorheben möchten: Kein Sieg scheint dem Zeus möglich zu sein ohne die Mitwirkung von Wesen, die einen niedrigeren Rang einnehmen als die Olympier. Hier helfen ihm die alten Götter in der Unterwelt beim Kampf gegen die Titanen, dort unterstützt ihn der sterbliche Held *Herakles* im Kampf gegen die Giganten. Dies deutet hin auf die Begrenztheit der Macht der olympischen Götter und die zunehmende Bedeutung der Sterblichen – auf ihre Aufgabe bei dem Zustandebringen und der Bewahrung des geordneten Kosmos.

Die Pflanzen gelten als Geschöpfe der Erde und Früchte des

hieros gamos von Himmel und Erde. Mit der Vegetation, besonders mit dem Baumwuchs eng verbunden sind die Nymphen.

Mit dem Glauben, die Frucht einer Pflanze sei einer Gottheit zu verdanken, verband sich die Vorstellung, die Gottheit habe die Pflanze geschaffen: Z. B. habe *Demeter* das Getreide geschaffen, *Athene* den Ölbaum. Auf Zypern glaubt man, *Aphrodite* habe die Myrte, die Rose, die Anemone, die Granate und die Tamariske geschaffen.

Auch die Tiere werden als Geschöpfe der Erde betrachtet – wie überhaupt die *zôa*, die Lebewesen. Dennoch zeigen die verschiedenen Erzählungen Vorstellungen, die den Ursprung einer bestimmten Tierart oder eines bestimmten Tieres auf eine bestimmte Gottheit zurückführen. So berichtet Hesiod von der Entstehung der Ungetüme und Mißgestalten: *Keto,* die Tochter der Gaia, gebiert die *Echidna* (Schlange); die Echidna zeugt mit *Typhaon,* dem Sohn der Gaia, eine bunte Meute von Ungeheuern: den Hund *Kerberos,* der die Unterwelt bewacht; die *Hydra* von *Lerna,* die einst von Herakles getötet werden soll; den Löwen von *Nemesis* und die *Chimaira,* die später von *Bellerophon* besiegt werden soll. – In all diesen Erzählungen spielt die Erde eine direkte oder unterschwellige Rolle, in eigener Gestalt oder in Gestalt eines ihrer Kinder.

Andere Erzählungen lassen die Tiere aus dem Blut der Götter entstehen: Aus dem Blut des verstümmelten Uranos entsteht zugleich mit Aphrodite der Fisch *Pompilos;* aus dem Blut der Titanen werden die giftigen Tiere, aus dem Blut des Typhaon die beißenden Tiere.

Schließlich gelten die Tiere auch als Schöpfungen des Gottes, dem sie geheiligt sind. So zeugt Poseidon mit der Gorgone *Medusa,* dem Ausbund schreckeinflößender Häßlichkeit, das geflügelte Roß *Pegasus.*

Die ältesten Überlieferungen des griechischen Mythenschatzes zeigen uns die Vorstellung von der anfänglichen Vereintheit der Götter und Menschen. Gaia, die Erde, war ihre gemeinsame Mutter. Mit der Zeit setzten sich Unterschiede zwischen den Unsterblichen und den Sterblichen durch. Doch die ursprüngliche Vorstellung kommt hier und da wieder zum Vorschein.

So ist in den Mythen, die das Geschlecht des Adels von den Göttern ableiten, die Anschauung vom gemeinsamen Ursprung von Göttern und Menschen erhalten geblieben. Die Stammütter der Geschlechter haben von den Göttern ihre Kinder geboren.

Für den einzelnen gilt es als Auszeichnung, von den Göttern abzustammen. Namen wie *Apollodoros* und *Diodotos* lassen erkennen, daß die Eltern ihr Kind als Geschenk ihrer Schutzgottheit betrachten. Die christliche Tradition hat diese Anschauung in Namen wie *Theodor* und *Dorothea* aufgegriffen.

Wir kennen einige Vorstellungen über die Abstammung verschiedener Völkerschaften von Göttern:

Die Bürger von *Argos* erzählen vom ersten Menschen *Phoroneus,* er sei der Sohn des Flusses *Inachos* und der Gottheit der Esche, der Nymphe *Malia,* gewesen. So ist der Mensch göttlichen Ursprungs, bleibt aber der irdischen Natur nahe. Denn er stammt ab von einem Baum, der durch die Gewässer befruchtet wird.

Der erste Mensch in *Arkadien* heißt *Pelasgos* und stammt von der Sonne ab; er ist *aus der Sonne geboren.*

Auch den Liebesbeziehungen von Göttern und Nymphen entsprießen viele Menschen. Die Götter – z. B. die Nymphen – sind zum Teil sterblich, sprechen dieselbe Sprache wie die Menschen und haben menschliche seelische Eigenschaften und Leidenschaften: Das weist uns auf den gemeinsamen Ursprung von Göttern und Menschen hin.

Als die Auffassung vom Unterschied zwischen Unsterblichen und Sterblichen überhand nahm, blieb die Vorstellung von der Abstammung des Menschen von der Erde erhalten.

Kein weiter gedanklicher Weg führt von der Annahme einer Erdgeburt des Menschen bis zu der Idee, die Menschen seien aus Bäumen oder Felsen entstanden. – Sehr verbreitet ist der Mythos von *Deukalion,* dem Sohn des Prometheus: Deukalion heiratet seine Verwandte Pyrrha. Zeus rettet beide aus der Sintflut. Dann sendet Zeus seine Boten mit der Frage zu ihnen, ob sie einen Wunsch hätten. Sie wünschen sich Gefährten auf der Welt. Nun werfen sie auf Geheiß des Zeus Steine hinter sich. Aus den von Deukalion geworfenen Steinen werden Männer, aus den von Pyrrha geworfenen Steinen werden Frauen.

Ein anderer Mythos schildert die Abstammung der Menschen von Tieren. Die Bewohner der Insel Aigina seien als ganzes Volk aus der Erde hervorgekrochen – allerdings nicht als Menschen, sondern als Ameisen. Denn als die Göttin *Aigina* dem Zeus den

Aiakos geboren habe, sei dieser ganz allein auf der Insel gewesen. Zum Jüngling herangewachsen, habe er die Einsamkeit nur schwer ertragen. Da habe Zeus die Ameisen der Insel in Männer und Frauen verwandelt ...

Erst in der klassischen Zeit konnte sich ein Mythos durchsetzen, der uns erzählt, *Prometheus* habe die Menschen aus Lehm gebildet.

Für Hesiod ist Prometheus nur der Wohltäter der Sterblichen und ihr Verteidiger gegen Zeus, der sich um das Glück der Menschen nicht schert. Zugunsten der Menschen hat Prometheus sogar das Feuer vom Himmel gestohlen und auf die Erde herab gebracht. Zur Strafe packt ihn Zeus und fesselt ihn an den Berg *Kaukasos.* Ein Adlerungeheuer, Sohn der uns nun bekannten Schlange Echidna und des Typhaon, erhält den Auftrag, regelmäßig die Leber des Gefesselten zu fressen – und diese erneuert sich ständig, denn Prometheus ist unsterblich.

So hat Prometheus den Menschen die Kultur gebracht, mit der Kultur aber auch den Zorn der Götter und viele Plagen. Es bleibt den Menschen nur die Hoffnung auf ein besseres Schicksal.

Später versuchten die Griechen, das Heil durch Mysterien zu erlangen. Mysterien wollen in heiligem Geschehen eine Verbindung mit dem Jenseitigen zu erreichen – ein dramatischer, den Gläubigen zu eigener Mitwirkung berufender Kultvorgang, der nur Eingeweihten zugänglich ist. Doch dies bringt uns von unserer Reiseroute durch die Mythenwelt der Völker ab.

Götter gegen Riesen

Germanische Schöpfungsmythen

Die Germanen haben in den letzten Jahrhunderten vor Christus wohl eine weit ausgebreitete Gruppe von Volksstämmen gebildet, angesiedelt in Südskandinavien, auf den Ostseeinseln, in Jütland und in der norddeutschen Ebene, vom Rhein bis zur Weichsel. Von weiter östlich gelegenen Gegenden hatten sie verschiedene Wanderungen hierhin geführt.

Aus dem Kern der germanischen Siedlung gliederten sich drei große Gruppen aus: Die Goten wanderten zum Schwarzen Meer, sonderten sich ab und bildeten eine eigene Sprache. Eine eigene Sprache bildete auch eine weitere Gruppe, die sich im Norden in Skandinavien festsetzte. Die Westgermanen schließlich zogen in drei Richtungen aus: nach Süden zur Donau und nach Böhmen, nach Westen zum Rhein und später nach Nordwesten zu den britischen Inseln.

Diese Aufsplitterung führte dazu, daß die Germanen Kontakt mit anderen Völkern und Kulturen aufnahmen. Mit diesem Kontakt veränderten sich auch ihre Lebensweise, ihre Sprache und ihre religiösen Vorstellungen. Hauptsächlich kamen die Germanen mit den Kelten in Berührung, die ja dieselben indoeuropäischen Wurzeln wie die Germanen selbst ihr eigen nennen.

Übrigens können wir in der Religion der alten Germanen Übereinstimmungen mit den Glaubensvorstellungen des Iran, Griechenlands, Roms sowie der alten Kelten und Slawen finden. Denn diese Völker sind allesamt Zweige der indoeuropäischen Völkerfamilie.

Die Frühzeit der Germanen gibt uns keine sicheren Auskünfte über ihre Religion – nichts Geschriebenes und kaum ein Bauwerk. Wir müssen damit zufrieden sein, aus den religiösen Anschauungen der jüngeren germanischen Stämme auf eine gemeinsame Frühreligion zu schließen.

Die Goten bekehrten sich bereits im vierten Jahrhundert v. Chr. zum byzantinischen Christentum. Über ihre frühere Religion ist uns nichts erhalten geblieben. Doch für die Religion der Westgermanen kennen wir eine Reihe von Zeugen: Die Werke der klassischen Schriftsteller *Strabo, Valerius Paterculus* und *Plinius* geben uns vereinzelte Hinweise; *Caesar* macht in seinem Werk *De bello gallico* genauere Angaben; schließlich versucht *Tacitus* in seiner *Germania* (wahrscheinlich 98 n. Chr.), ein Gesamtbild der germanischen Religion zu liefern. Sein Werk ist eine der wichtigsten Quellen für die Kenntnis der germanischen Götter.

Die mittelalterlichen Quellen über die Religion der Germanen sind christlichen Ursprungs; sie entstanden um die Zeit der Bekehrung der Westgermanen zum Christentum. Das Hauptanliegen dieser Schriften war, die Schwächen der germanischen Religion aufzudecken. Daher können wir uns auf diese Texte nicht verlassen, wenn wir nach einer objektiven Schilderung der Glaubensvorstellungen der Germanen suchen. Zudem sind diese Berichte bruchstückhaft.

Den besten Dienst leisten uns die Quellen über die Nordgermanen in Skandinavien. Das sind vor allem Gedichte, so vor allem die *Lieder-Edda.* Sie enthält eine große Sammlung älterer Gedichte unbekannter Herkunft, die zu einem Teil sicher vor der Einführung des Christentums in Skandinavien entstanden sind.

Die Gedichte der *Edda* erzählen uns über die Urzeit vor der Erschaffung der Welt:

„*Urzeit war es, da Ymir hauste; nicht war Sand noch See noch Salzwogen, nicht Erde unten noch oben Himmel, Gähnung grundlos, doch Gras nirgend.*“

Oder in anderen Worten:

„*Einst gab es eine Zeit, da alles nicht war. Nicht Erde und Meer noch der Himmel darüber mit seinen unzähligen Sternen. Da war nichts als ein ungeheurer finsterer Abgrund: Ginnungagap, die gähnende, lautlose, tote Kluft.“*

Diese Kluft, diese Gähnung ist leer, ohne Leben und lautlos – ein eindrucksvoller Versuch, das Nichts zu beschreiben. Doch der Schöpfer ist bereits da:

„In dem grenzenlosen, schweigenden All lebte Fimbultyr, der geheimnsivolle, große und allmächtige Weltgeist, den nie ein Auge gesehen. Allvater ist's, der Starke droben, der alles lenkt und ewige Satzung verordnet.“

Der Schöpfer ist also allmächtig, Vater aller Dinge. Daneben spielt er die Rolle der Vorsehung und der moralischen Weltordnung.

Nun beginnt die Schöpfung. Die *Edda* schildert sie in Etappen: Entstehung der Götter, Entstehung der Welt, Erschaffung der Menschen.

Der Schöpfer erschafft zunächst die Bühne, auf der sich die Theogonie und der Kampf der Götter gegen die Urriesen abspielen wird: Nach Abgrenzung des Urabgrundes entsteht kraft göttlichen Willens im Norden des Abgrundes *Nifelheim,* das Land des Nebels, des Eises und der Finsternis; im Süden entsteht *Muspelheim,* das „Reich der Glut, des Feuers“.

Nun entstehen zwei Elemente, Wasser – „Und ein Brunnen entsprang im urkalten Nifelheim ...“ – und Feuer – „Indes zischte und blitzte es ...“. In diesen Elementen wird das Urleben seinen Ursprung finden. – Wir kennen bereits aus den Mythen anderer Völker die lebensspendende Eigenschaft von Feuchtigkeit und Wärme.

Aus der Verbindung des Wassers mit dem Feuer, der Feuchtigkeit mit der Wärme, erwächst der erste lebendige Urriese *Ymir.* Von ihm stammen die Riesen, die Menschen und in gewissem Sinn auch die Götter ab.

Die Riesen – allen voran Ymir – sind die Personifizierung der Kräfte des Chaos, der noch gestaltlosen Urmaterie und Urenergie, wie man sie auch in den Schöpfungsmythen anderer Völker wie der Babylonier findet.

Der Riese Ymir entsteht – wie der indische Prajāpati – aus dem gärenden Wasser:

„Und ein Brunnen entsprang im urkalten Nifelheim: Hwergelmir, der brausende Kessel. Aus seiner Tiefe brachen zwölf Ströme hervor, die sich mit donnerndem Rauschen in den unermeßlichen Abgrund stürzten. Diese Fluten erstarrten in der grausigen Kälte Ginnungagaps zu Eis. Eisschicht schob sich über Eisschicht, und im Laufe vieler Jahrtausende füllten die stetig wachsenden Massen einen Teil des gähnenden Schlundes." – „Indes zischte und blitzte es in Muspelheim von umherstiebenden Feuerfunken. Aus tausend Essen sprühte und leuchtete die rote Glut, und die Hitze war so groß, daß nur einer sie zu ertragen vermochte: Surtur, der Herr des Flammenreiches Muspelheim. Auf sein flammendes Schwert gestützt, saß er auf einem Felsblock und beobachtete, wie die Funken von seinen Essen über den gähnenden Abgrund nach Niefelheim hinüberflogen, um dort eine neue Welt voll großen, reichen Lebens zu schaffen."

Ymir, zunächst das einzige Wesen, bekommt bald Gesellschaft: Aus dem geschmolzenen Eis entsteht die Kuh *Audumla,* die nahrungsspendende Kuh, welche auch zur Ahnherrin des Lebens und zum Symbol der Fruchtbarkeit wird.

„Vier Milchströme flossen aus ihrem Euter, die Ymir zur Nahrung dienten und ihm eine ungeheure Kraft verliehen."

Das Riesengeschlecht stammt dann direkt von Ymir ab:

„Eines Tages schlief Ymir, nachdem er sich satt getrunken hatte, und da erwuchs ihm im Schweiß seiner Achselhöhle ein Sohn, im Schweiß der anderen eine Tochter."

Von diesen beiden stammt ein sehr mächtiges und oft schreckliches Geschlecht ab, das in den mythischen Erzählungen des Nordens immer wieder begegnet: die *Reifriesen* oder *Eisriesen.* Die Riesen sind mächtiger als die Menschen, sie sind auch älter als die Götter, deren Herrschaft sie ständig bedrohen.

Die Kuh Audumla ernährt sich von dem Salz, welches das Eis enthält.

„Die Kuh leckte an den salzigen Eisblöcken, bis unter ihrer Zunge am dritten Tage ein Mann aus dem Block hervorkam."

So entstand dieses Wesen von menschlicher Gestalt aus den lauen Tropfen des geschmolzenen Eises – die feuchte Wärme ist Ursprung alles Lebens.

Das Wesen heißt *Buri.* Es besitzt – wie der Riese Ymir – die Fähigkeit, sich fortzupflanzen. Der Text sagt: „Er schuf aus eigener Kraft einen Sohn, dessen Name Bor war."

Bor heiratet die Riesentochter *Bestla,* eine Nachfahrin Ymirs. Dieser Ehe entspringen drei Götter: *Odin, Villi* und *Vé,* in einem anderen Text *Odin, Hönir* und *Loki* geheißen. „Sie waren mit göttlicher Kraft und Schönheit begabt."

In der Vorstellung der primitiven Völker und ihrer Mythologie besitzt das Wasser und alles, was eng mit dem Wasser verbunden ist, Kräfte der Fruchtbarkeit: Hierfür liefert die Bemerkung über die Heirat des Bor mit einer Tochter des Ymir neue Bestätigung. Die Götter sind in diesem Mythos also teilweise selbst aus den Kräften des chaotischen Wassers entstanden.

„Die drei göttlichen Brüder zogen aus zum Kampfe gegen die Riesen aus Ymirs Geschlecht, mit ihnen um die Herrschaft zu kämpfen."

Das kündet den Kampf des Kosmos, der im Entstehen begriffenen geordneten Welt, gegen die Kräfte des Chaos an.

„Die Götter erschlugen Ymir, den Brüller, im Streite, und aus seinen Wunden ergossen sich so mächtige Blutströme, daß alle seine Nachkommen bis auf zwei darin ertranken."

Der überlebende Riese klammert sich mit seiner Frau an einen Kasten aus Holz. Von ihnen stammt wiederum eine neue Generation von Riesen ab, wodurch das Riesengeschlecht vor der Katastrophe gerettet wird. Das bedeutet: Die Kräfte des Chaos liegen mit den Kräften der Ordnung in der Welt weiterhin im Streit.

Als sich die Blutflut verlaufen hat, ergreifen die drei göttlichen Brüder den Körper Ymirs und werfen ihn in den gähnenden Abgrund zwischen Nifelheim und Muspelheim. – So kehrt die störende Kraft zu ihrem Ursprung zurück, damit eine neue, geordnete Schöpfung möglich wird.

Nun schaffen die Götter aus dem Körper Ymirs die neue Welt:

„Aus seinem Fleisch wurde die Erde geschaffen,
aus seinem Blute das Meer,
aus den Zähnen die Steine, das Strandgeröll,
aus den Haaren Bäume und Sträucher,
aus dem Schädel die Wölbung des Himmels,
aus dem Hirn die wallenden Wolken.
Aus den Augenbrauen errichteten sie einen festen Wall gegen das Meer und schieden so Land und Wasser voneinander."

Die Erde ist trocken, das Meer umfließt sie ringsum. Im Norden, an der jenseitigen Küste und auf den Inseln siedeln sich die Riesen an. Das Land der Mitte ist dazu bestimmt, Wohnung der Menschen zu werden. Als Land der Mitte heißt es auch *Midgard.*

Nun sind die Hauptteile der Welt wohl da, „aber noch war es finster überall, und aus dem Reiche der Riesen wehte eisige Luft". Da spricht Odin, der erstgeborene und vornehmste der *Asen* (Götter), zu seinen Brüdern: „Unserer jungen Welt fehlen Licht und Wärme, und ohne diese können sich nicht blühendes Leben und holde Schönheit entfalten."

Die Flammen von Muspelheim, Quelle jeglicher Wärme, haben bis jetzt ziellos unzählige Funken entsandt, die sich über die eisige Unendlichkeit verteilt haben. Die drei Götter beschließen nun, „die Feuerflammen einzufangen, die funkelnd die Lüfte durchwirbeln, damit sie als leuchtende Gestirne ans Himmelsgewölbe gesetzt werden". – „Das taten die drei göttlichen Brüder, und das Firmament erstrahlte im Licht unzähliger Sterne."

Die Götter regeln den Lauf der Zeit und legen den Rhythmus der Jahreszeiten fest. „Die Nacht gebar den Tag, und Odin teilte unter beide die Zeit." – Der Vorrang der Nacht als Mutter des Tages scheint eine Glaubensvorstellung zu sein, die unter den von Norden kommenden Völkern sehr verbreitet ist. – Die Götter erschaffen auch die Sonne für den Tag und den Mond für die Nacht.

„Unter den warmen Strahlen der Sonne bedeckte sich Midgard im Laufe der Zeiten mit Gräsern und Kräutern, Blumen und rauschenden Wäldern." …

„Große und kleine Tiere begannen es zu bevölkern."

„Allein noch fehlte darin der Mensch, das Ebenbild der Götter, dem diese das Land in der Mitte der Erde zur Heimstatt bestimmt hatten."

Bevor sich die Götter an die Erschaffung des Menschen machen, beschäftigen sie sich mit der Erschaffung der Zwerge. Eine Überlieferung will die Zwerge aus den Würmern entstehen lassen, die den Leichnam des Riesen Ymir zerfressen haben. Nach einem anderen Text stammen sie aus dem Blut und den Knochen zweier Riesen. Einige der Zwerge leben in den Höhlen und bekommen sogar eine menschliche Gestalt.

Die Zwerge erhalten einen Anführer. Ihre bekannteste Aufgabe ist das Schmieden. Die Götter haben den Himmel auf vier Zwerge gestellt, die ihn stützen sollen. Ein spätes Gedicht gibt diesen Zwergen die Namen der vier Himmelsrichtungen.

„Eines Tages gingen (die drei Götter) Odin, Hönir und Loki (oder Lodur) am Meeresstrande entlang und kamen zu zwei Bäumen, der Esche und der Ulme. ‚Aus diesen beiden Bäumen', sprach Odin zu seinen Brüdern, ‚lasset uns Menschen machen, auf daß Midgard, die schöne fruchtbare Erde, von ihnen und ihren Nachkommen bewohnt und bebaut werde und wir an ihrem Tun und Treiben, Ringen und Streben, Blühen und Gedeihen Freude haben!'

So sprach Odin, der Allvater, und sie schufen aus der Esche einen Mann und aus der Ulme ein Weib.

Odin verlieh ihnen Geist und Leben, Hönir gab Verstand und Bewegung hinzu, Loki spendete ihnen die Sinne, Gefühle, blühende Farbe und Sprache."

Diese Ureltern des Menschengeschlechts heißen in der Edda *Askr* und *Embla.* Askr bezeichnet den Mann. Das Wort wird mit *Esche* in Verbindung gebracht, ein Baum, der den Germanen heilig ist. Wir können übrigens auch bei Hesiod nachlesen, daß der erste Mensch aus Eschenholz gemacht worden sei. – Die Herkunft des Wortes *Embla,* des Namens der Frau, ist noch nicht geklärt.

Bemerkenswert scheint uns, daß die Menschen als Paar erschaffen werden; von Anfang an besitzen Mann und Frau dieselben Eigenschaften: Leben, Sinne, Verstand, Sprache, Seele usw.

Die Verbindung der Geschlechter schildert dieser Mythos mit der Herkunft aus zwei Holzarten – einer harten und einer weichen. In der Frühzeit erzeugte man durch das Aneinanderreiben solcher Hölzer Feuer: Hier begegnet uns wieder das Feuer als Element der Fruchtbarkeit. Der Vergleich der Vereinigung von Mann und Frau mit dem Entstehen des Feuers auf die in unserem Mythos angedeutete Weise ist übrigens ein Gedanke, den die Forschung bei vielen indoeuropäischen Völkern nachgewiesen hat.

Die Götter haben sich bereits ihre himmlische Wohnung *Asgard* errichten lassen. Nun stellen sie um Asgard herum in einem Gebiet namens *Idafeld* Heiligtümer auf. Dann legen einige Götter die erste Schmiede an und schmieden Werkzeuge: „Sie setzten Herde, hämmerten Erz; sie schlugen Zangen, schufen Gerät." – Als Kulturbringer wollen die Götter mit dieser Arbeit den Mensch den Weg zu ihrer Beschäftigung zeigen. Jetzt geben sie ihnen das *Land der Mitte*, das von Wasser umgebene *Midgard*, zur Wohnung.

„So stand das erste Menschenpaar vor den Göttern, und Odin streckte seine Hand aus über Midgard und sprach zu den Neuerschaffenen: ‚Seht! Dies Land ist eure Heimat! Hier sollt ihr fortan wohnen, Tiere züchten und zähmen, das Land bebauen und die Früchte der Bäume und des Feldes essen – ihr und eure Kinder und Kindeskinder!'

Da folgten sie seinem Gebot; und von ihnen stammen alle Völker germanischer Zunge, welche das weite Midgard bewohnen."

Mit diesen Worten schließt der Schöpfungsmythos über die Erschaffung und die Aufgaben der Menschen auf Erden.

Doch die letzten Zeilen werfen eine neue Frage auf: Der Mythos stellt das erste Menschenpaar als Ursprung der germanischen Völker dar, deren Gebiet die Mitte der Welt sei. Wie aber stellen sich die Germanen die Welt, den Bau der Welt vor?

Die Texte, die uns von übereinandergesetzten Welten berichten wollen, stammen aus sehr später Zeit. Aus ihnen sprechen wahrscheinlich fremde Überlieferungen.

Die ältesten Texte sprechen über die örtliche Lage von Midgard, dem Land der Menschen, das zwischen dem kalten Norden und dem warmen Süden liegt. Ein Meer umschließt die bewohnten Gebiete, das sich selbst durch den Urabgrund begrenzt. Im Meer lebt eine riesige Schlange, die so lang ist, daß ihre Windungen das ganze den Menschen bekannte Land umschlingen.

Das Land der Toten, der Riesen und der Zwerge ist das Land des Eises und der Finsternis Nifelheim. Die Göttin *Hel* herrscht über diesen Schreckensort, dessen Eingang Hel von dem schrecklichen Hund *Garm* bewachen läßt.

Die ganze Welt aber ist in der Gestalt eines Weltenbaumes gebaut, der Esche *Yggdrasil.*

„Yggdrasil reicht mit seiner Krone bis zum Himmel. Seine Wurzeln senkt er tief in die Erde. Eine Wurzel taucht in die Quelle der *Urd.* Aus diesem Jungbrunnen zieht sich der Baum stets erneuernde Kraft. Die Quelle steht unter der Obhut der *Nornen,* die Yggdrasils Wurzel ständig begießen, um sie lebendig zu erhalten. – Die Nornen sind Gottheiten, die den Lauf der Zeiten und das Schicksal der Menschen bestimmen. Darum heißt Yggdrasil auch der *Schicksalsbaum.*

Eine zweite Wurzel des Weltenbaumes reicht bis in Nifelheims Brunnen *Hwergelmir,* aus dessen Tiefe alle großen Flüsse der Welt hervorbrechen.

Eine dritte Wurzel des Weltenbaumes reicht dorthin, wo *Mimirs* Brunnen quillt. Das Wasser dieses Brunnens der Weisheit ist so kostbar, daß Odin bereit gewesen ist, ein Auge zu opfern, um von ihm trinken zu dürfen. Hierauf wurde der Gott Odin der Schutzherr und Meister der Seher, Dichter und Zauberer.

Im Schatten des Weltenbaumes liegt die Erde, Yggdrasils Zweige durchdringen die Welt der Menschen. Die Esche Yggdrasil spendet einen wunderbaren Tau, der die Menschen ernährt. Die Tropfen des himmlischen Taus, der über die Blätter rinnt, gleichen dem Met. Deshalb wird Yggdrasil auch *Metbaum* genannt."

Zahlreiche Tiere beherbergt Yggdrasil in seinen Zweigen, auf den allerhöchsten sitzt ein Hahn mit goldenem Kamm, bewacht den Horizont und warnt die Götter vor den Angriffen ihrer Feinde, der Riesen.

„In den höheren Zweigen hocken ein Adler und ein weiser Habicht. Am Fuß des Baumes liegt der Drache. Das Eichhörnchen *Ratatoskr* läuft unaufhörlich auf und ab durch das Geäst und nährt die Zwietracht zwischen dem Adler und dem Drachen.

Die Ziege *Heidrun* weidet im Blattwerk und spendet den Kriegern Odins ihre Milch. Vier Hirsche fressen die Blätter und sogar die Rinde des Weltenbaums, aber Yggdrasil bleibt dank der Wunderquelle Urd immer grün. Schließlich benagen Schlangen seine Wurzeln. Die Riesenschlange *Nidhöggr,* der Drache, ist die gefährlichste unter den Schlangen."

Die Welt ist also voll reichen Lebens, gleichwohl immer von den Kräften des Chaos, des Urmeeres, bedroht. Doch die Götter wachen über ihre Schöpfung – was nicht bedeutet, daß die Welt ewig dauern wird: In einem gewaltigen Weltbrand und in einer gewaltigen Sintflut wird sie einst versinken. Dann wird eine neue, bessere Welt entstehen.

In wohl so recht germanisch anmutendem Stil entwirft uns *R. Jockel* ein Bild von der endzeitlichen Erwartung der Germanen: „Aber in den fernen Himmelsweiten lebt Allvater, der große unbekannte Gott, den kein Auge je gesehen. Auf seinen Wink ist einstmals alles geworden und nun – soweit es des Todes wert – im großen Weltbrande untergegangen. Doch er, der ewige Urquell allen Lebens, hat nicht Gefallen und Freude am Tod. Seines erhabenen Geistes Dichten und Trachten ist Leben. Starkes, blühendes, reines und reiches Leben.

Was an Göttern und Menschen Irdisches, Vergängliches war, ist nun untergegangen – mußte untergehen. Ewige Gerechtigkeit fordert unnachgiebig das Weltgericht über die in Schuld und Sünde verstrickten Menschen und Götter. Und dieser Gerechtigkeit ist jetzt durch die Vernichtung der unvollkommenen Schöpfung Genüge getan.

Doch das Drama des kampfreichen Lebens zwischen den Asen und Riesen soll sich nicht vergebens abgespielt haben, soll nicht umsonst gewesen sein. Aus der Asche des Weltbrandes wird eine neue, schönere Welt von ewiger Dauer hervorgehen."

Der Mittelpunkt der Welt

Altägyptische Schöpfungsmythen

In einem Zeitraum von fast dreitausend Jahren ist das Textmaterial entstanden, das uns über die Vorstellungen der Altägypter von der Schöpfung Auskunft geben kann. Zwar können wir schriftliche Zeugnisse aus der Periode der Reichseinigung zu Beginn des dritten Jahrtausends v. Chr. bis über die Schwelle der Christianisierung Ägyptens hinaus befragen. Doch wird unsere Arbeit dadurch nicht leichter, wenn wir nun diese Fülle von Dokumenten auswerten wollen.

Aufgrund der langen Zeitspanne, in der die für uns interessanten Dokumente angefertigt worden sind, stehen wir vor großen Schwierigkeiten: Manche Texte liegen uns nicht in ihrer ursprünglichen Form vor; sie zeigen viele spätere Einschübe, so daß wir das Material nicht als einheitlich bezeichnen können. Zudem ist uns eine Einschätzung der Entstehungszeit vieler Textbruchstücke verwehrt. Unmöglich ist auch die Bestimmung der Einflüsse des einen Textes auf den oder die anderen. Denn die Texte stammen aus den verschiedenen religiösen Zentren des alten Ägypten, die eines nach dem anderen die religiöse Herrschaft im Land erlangt haben. An den Heiligtümern in Heliopolis, Memphis, Hermopolis und Herakleopolis haben sich die Auffassungen von der Entstehung der Welt entwickelt, während jede Auffassung im Gegensatz zu den vorherigen stand oder im günstigen Fall die anderen Auffassungen als Mosaiksteine zu einem Gesamtbild fügen wollte. Diese Versuche sind jedoch nicht immer geglückt und in sich widerspruchslos geblieben.

Unsere Dokumente sind von verwirrender Vielfalt. Wir lesen Hymnen an die Götter, Totensprüche, magische Formulare, rituelle Gebete, Einweihungstexte, Titel der größeren Gottheiten und mehr. Das alles sind keine lehrhaften Darstellungen, sondern Andeutungen und kürzere Ausführungen, die in verschiedenartige Zusammenhänge gestellt sind.

Schließlich erlaubt der Zustand vieler Dokumente kein klares Herausfiltern der Lehre von der Weltentstehung. Denn die Menge der Texte ist im Verhältnis zu dem so großen Zeitraum ihrer Abfassung so bruchstückhaft, daß wir uns außerstande sehen, die Entwicklung der Lehre oder sogar ihre ursprüngliche Form anzugeben. In vielen Fällen geben die Texte Niederschriften sehr alter mündlicher Überlieferungen wieder, womit sie bereits Ausdruck einer schon entwickelten Stufe der Lehre sind. – Wir wollen nun versuchen, die allen Überlieferungen gemeinsamen Themen herauszugreifen und die Einzelheiten, die jeder Überlieferung eigen sind, zu kennzeichnen.

Der Urzustand vor der Schöpfung ist das ungeordnete und träge Chaos. Es enthält viele verborgene Kräfte und den Urstoff der Schöpfung, übt aber keine Tätigkeit von sich selbst aus. Das Chaos ist alles in allem. Sogar der Weltenbaumeister, der Schöpfergott steckt im Chaos. Er muß nun zunächst zum Selbstbewußtsein gelangen, bevor er an die Arbeit der Schöpfung herangehen kann. Ein Text beschreibt uns den Zustand vor der Schöpfung als das Fehlen dessen, was unsere geordnete Welt ausmacht:

„Als der Himmel noch nicht entstanden war,
Die Erde noch nicht entstanden war,
Die Würmer und Schlangen an diesem Ort noch nicht geschaffen waren...“

Ein anderer Text enthält eine Ergänzung:

„Als der Himmel noch nicht entstanden war,
Die Erde noch nicht entstanden war,
Die Menschen noch nicht entstanden waren,
Die Götter nicht gezeugt waren,
Als selbst der Tod noch nicht entstanden war.“

Das Chaos ist das Urwasser, der alles umschließende und nur scheinbar unfruchtbare Ozean, der früher west als jedes Leben und jede Bewegung. Dieses Urwasser heißt *Nun.* Auch nach der

Schöpfung wird der Nun erhalten bleiben. Als ungeheurem Wasservorrat am Rand unserer Welt werden ihm die Meere entspringen und der Nil entströmen. Der Gott *Hapi* – die Verkörperung der Überschwemmung – wird die Nilschwelle empor treiben, indem er den Nun zunehmen läßt, aus dem schließlich auch das Quell- und Regenwasser kommt.

Das Wasser des Anfangs lag da, früher als der Schöpfer aller Dinge: die Sonne in Heliopolis oder die Erde in Memphis. Die hermopolitanische Überlieferung läßt das Wasser früher als das Kollegium der dunklen Götter dasein, das die Geburt des Gestirns vorbereitet hatte.

Der geläufige Titel des Urwassers lautet *Vater der Götter.* Als Vater muß das Wasser als erster von allen vorhanden sein: In dem *Buch von der Himmelskuh* spricht der Gott *Re* das Urwasser an: „O du, der Älteste der Götter, aus dem ich hervorging." So kommt auch, damals und immer wieder, die Sonne aus dem Nun. Darum fordert der Hymnus sie auf:

„Geh auf, geh auf, komm hervor aus dem Nun, indem du verjüngt bist in deinem Zustand von gestern."

Obschon der Schöpfergott aus dem Nun hervorkommt, ist er doch größer als der Nun. Das Urwasser sagt selbst:

„Mein Sohn Re, Gott, der größer ist als sein Vater und mächtiger als die, die ihn geschaffen haben."

Jetzt gerät das Urwasser in Bewegung , und jetzt beginnt das Weltwerden. – Das Denkmodell der *Acht* enthält eine Vorstellung von der Weltentstehung: Neben den männlichen Nun stellt sich eine weibliche Gestalt, nämlich der unterhalb des Urgewässers liegende Gegenhimmel. Dann bilden sich zwei Paare heraus, die anscheinend Eigenschaften des Urgewässers verkörpern: Unendlichkeit und Finsternis. Abgerundet wird diese Vorstellung mit der Einführung eines vierten Paares, das die Luft zu Gestalt verdichtet. Die geistige Heimat dieser Anschauung von der vierpaarigen Einheit der *Acht* ist wohl Hermopolis, die *Acht(stadt)*, in der *Thoth* – von den Griechen mit Hermes gleichgesetzt – als Ortsgott gilt.

Die Vorstellung der Acht geht also von einer Weltmaterie,

nicht von organischem Leben aus. Die Weltmaterie verkörpert sich in Gestalten. Die Hervorhebung von Eigenschaften des Urstoffs läßt eine Bemühung um naturwissenschaftliche Erklärung erkennen.

Wenn das Sein ins Werden tritt, gewinnen die Erscheinungsweisen des Chaos ein doppeltes Gesicht. Sie zeigen sich als Grundstoff und Möglichkeit zugleich und bringen die träge Masse in Bewegung. Die stoffliche Luft über dem Urgewässer entwickelt die Weltmaterie, indem sie sich zum Sturm wandelt. Der Sturm wühlt den Nun in seinen Tiefen auf und ballt den dort ruhenden Schlamm zu festem Land zusammen. Ein *hoher Hügel*, die *Flammeninsel*, taucht bei Hermopolis aus den Fluten auf. Von diesem Urhügel aus werden die Elementargötter die Erdenwelt und deren Ordnung mit der Erschaffung des Lichts formen.

Bisher haben wir vom Ursprung der Weltmaterie gehört, nicht vom Ursprung des Lebens. Zwei Vorstellungen, die uns leider nur in trümmerhafter Überlieferung vorliegen, sollen uns von dem Übergang der Materie zum Leben berichten:

Obwohl der geheimnisvolle Grundstoff fest ist, vermag er dennoch ein Lebewesen und damit das Leben schlechthin hervorzubringen. Der Sonnengott entsteht als Falke aus einem Ei. Kraft der Rolle dieser Gottheit beginnt das Leben auf Erden. Der Falke steht in unmittelbarer Beziehung zur Sonne. – Diese Vorstellung scheint aus Hermopolis zu stammen, wo man das Urei als Ursprung aller Lebewesen als Reliquie aufbewahrt hat.

Eine zweite Anschauung berichtet uns von der Lotosblume als Keimzelle des Lebens. Aus ihr entsteht der Sonnengott und damit das Leben. Der Sonnengott ist ein Kind, er „öffnet seine Augen“ im Lotos.

Die Erzählungen von Nun, vom Urei oder Urlotos wollen den Umstand beschreiben, wie und daß etwas vor der eigentlichen Schöpfung vorhanden war. Ei und Lotos sind die Mittler zwischen Urstoff und Schöpfung.

Jedes religiöse Zentrum Altägyptens hat ja eine wie auch immer zusammengesetzte eigene Vorstellung von der Schöpfung entwickelt. Deshalb begegnet uns in Altägypten nicht nur *ein* Schöpfergott:

Der sogenannte *Berliner Ptahhymnus* preist den Gott *Ptah* von

Memphis in seiner Schöpfertätigkeit als Handwerker schlechthin:

„Der alle Götter, Menschen und Tiere gebildet hat, der alle Länder und Ufer und den Ozean erschaffen hat in seinem Namen ‚Bildner der Erde'."

Ähnliche Texte erwähnen eine handwerkliche Tätigkeit Ptahs nicht ausdrücklich:

„Der das, was ist, gemacht hat, der das, was existiert, geschaffen hat."

Auch der Gott *Chnum* wird als der genannt, „der dieses Land mit seinen Händen gegründet hat", der allgemein „alles, was existiert, mit seinen Händen gemacht hat".

Ptah habe – so erzählt der Text weiter – alle Götter, Menschen und Tiere gebildet, indem er die Arbeit eines Schmiedes oder Gießers verrichtet habe. Chnum aber habe die Lebewesen auf seiner Töpferscheibe geformt. Viele Darstellungen zeigen ihn vor einer Töpferscheibe sitzend, an der er die Formen des Menschen und anderer Lebewesen bildet.

Der widdergestaltige oder zumindest widderköpfige Gott Chnum gilt für den Altägypter als Inbegriff der Geschlechtskraft. Chnums Tätigkeit bleibt nicht auf die Töpferei beschränkt, er ist auch der Gott, „der Götter und Menschen zeugte".

Die klassische Lehre von der Weltschöpfung durch Zeugung finden wir in der heliopolitanischen Anschauung. Hier gilt *Atum* als Urgott einer Weltschöpfung, die sich als Götterentstehung darbietet. Der Urgott erzeugt zunächst die Luft und das Feuchte, die ihrerseits Erde und Himmel hervorbringen. Die Wesen der folgenden Generationen – *Osiris* und *Isis, Seth* und *Nephtys* – vertreten augenscheinlich die politischen Kräfte der entstandenen Erdenwelt, unter der man Ägypten versteht.

Die vor der Paarung liegende Erstschöpfung durch den Urgott erklärt sich in der Vorstellung von einer vor- und eingeschlechtlichen Zeugung:

„Atum, der zum Selbstbefriediger geworden ist in Heliopolis, er nahm seinen Phallus in seine Faust, indem er damit Lust erregte. Ein Geschwisterpaar war gezeugt, Schu und Tefnut."

Der Gott setzt also die erste Zeugung durch einen selbst herbeigeführten Samenerguß in Gang; er wird den befruchtenden Samen verschlucken und später seine Kinder aushusten. Atum ist also Vater und Mutter zugleich.

Ein anderer Text setzt den Gott *Chepre* mit Atum gleich und läßt Chepre sprechen:

„Ich schuf Neues (?) in meinem eigenen Herzen. Es entstanden viele Gestalten der Gestalten in den Gestalten der Kinder und in den Gestalten ihrer Kinder. Ich ergoß meinen Samen in meine Faust, ich begattete mich mit meinem Schatten..."

Diese Vorstellung von der Urzeugung deckt sich mit der Meinung des Altägypters, das Kind sei bereits im Samen des Mannes eingeschlossen; es entstehe nicht im Mutterschoß, sondern wachse dort nur.

In Memphis glaubt man an die Schöpfung aus dem *Wort* des Gottes Ptah. Eine Neunheit von Göttern – Verkörperung der Welt in ihrer Natur- und Geschichtsordnung – entsteht durch die Zähne und Lippen Ptahs, der den Namen aller Dinge nennt. Die Schöpferworte sind „vom Herzen gedacht und von der Zunge befohlen". Wir können hier die alte Vorstellung von der Gleichsetzung des Wortes mit der Sache erkennen. Von daher also kann der Mund die Dinge erschaffen; andererseits gibt es die Dinge nicht, wenn sie nicht benannt werden. – Zudem klingt hier wohl auch die den Bürgern selbstverständliche Geltung und Wirkung des Befehls in einem gottköniglich regierten Reich an.

Der Schöpfergott bildet als Handwerker den Stoff der Welt nicht aus dem Chaos, sondern sondert ihn aus dem Chaos. Wenn der Schöpfergott zeugt, wirkt allein seine Zeugungskraft. Schafft er durch das Wort, ruft er die Dinge durch Benennung ins Leben; er hat die Urmacht der Vorwelt in sein Wesen hereingeholt.

Ein wesentlicher Zug der Schöpfungsmythen wohl überall auf der Erde ist die Differenzierung – die Trennung und Ordnung.

So heißt der ägyptische Urgott auch „der Eine, der sich zu Millionen macht". Er trennt Himmel und Erde, die anfangs ein ungeschiedenes Ganzes waren. Die urzeitlichen Wesen sind Zeugen dieses Vorgangs, sie sind es, „die die Trennung von Himmel und Erde sahen". In Heliopolis trenne der Luftgott *Schu*, Sohn des Atum, die Himmelsgöttin *Nut* vom Erdgott *Geb*, indem er sie emporhebe. – Die Rolle des Trenners wird auch anderen Gottheiten zugeschrieben. Unter ihnen ist auch Ptah der Große Gott, „der den Himmel von der Erde getrennt hat". Ptah schafft, indem er trennt.

Die Altägypter beschreiben uns den Zeitpunkt der Schöpfung mit der Wendung „beim ersten Male", die so geläufig ist, daß man sie als Ausdruck für die mit der Schöpfung gesetzte Urzeit selbst gebraucht. „Beim ersten Male" meint nicht den Anfang schlechthin, sondern nur den Anfang eines Geschehens. Ein Sein ohne Geschehen vor der Schöpfung bleibt also möglich.

Weil der Anfang aber nur ein Anfangen ist, folgen dem „ersten Male" Wiederholungen. Die Altägypter glauben an eine ständige Wiederkehr des immer neuen Schöpfungsvollzugs. Vor allem geschieht dies dadurch, daß der Sonnengott an jedem Morgen aus dem Urwasser auftaucht und mit seinem Tagesablauf die Ordnung der Welt nach sich zieht. Eine Auffassung versteht den morgendlichen Sonnengott als neugeborenes Kind, das innerhalb eines Tages ein volles Leben bis zum Tod durchläuft. – Das bedeutet, daß die Natur, wie beim „ersten Male", täglich von neuem beginnt, während die ungeordneten Bereiche des Chaos nicht beseitigt sind, sondern die geordnete Welt als ständige Bedrohung umgeben. Ein Mythos schildert den immer neuen Kampf des Sonnengottes gegen die *Apophisschlange*, die der Sonnengott zwar abwehren, aber als unsterbliche Macht der Unordnung nicht töten kann: Immer ist die Welt vom Chaos bedroht, immer muß die Welt sich gegen das Chaos behaupten.

Der kämpferische Zug beim Wiederholen der Schöpfung erfährt eine Übertragung auf die politische, geschichtliche Ebene. Der König vertreibt die Unordnung, indem er als Atum selbst erscheint, mit Erfolg: „Die Ordnung ist fest auf ihrem Platze ... und das Land ist wie beim ersten Male." Das Handeln des Königs soll dem wiederkehrenden Lauf der Natur, der Schöpfung, entsprechen.

In den Texten aus der Zeit vom Mittelreich an finden wir häufig die Vorstellung, die Menschen seien als Tränen aus dem Auge des Schöpfergottes hervorgegangen. Der Mythos beruht auf einem Wortspiel. Der Bau der Hilfslaute *rmt*, später *rmt = rôme* – das heißt *Mensch* – gleicht dem Bau der Laute *rmj.t = rîme* – das heißt *Träne* – fast. Die annähernde Gleichheit der Wörter scheint einen Zusammenhang der Sachen folgern zu lassen.

Die Anschauung von der Bildung des Menschen auf der Töpferscheibe des Gottes Chnum haben wir schon kennengelernt. Auch seinen *Ka*, seine Lebensmacht, erhält der Mensch auf diesem Handwerkszeug.

Eine Darstellung im Totentempel der *Hatschepsut* zu *Deir al-Bahri* zeigt Chnum als Töpfer, der seine Schöpfertätigkeit immer neu wiederholt – bei jedem Neugeborenen. Andere Vorstellungen bezeichnen Chnum und auch andere Götter als Schöpfer der Zeugungskraft im Mann und der Gebärkraft in der Frau. Schließlich kann der Gott auch als Schöpfer der Zeugungsorgane und erster Vollzieher des Geschlechtsaktes gelten, der auf diese Weise die Geschichte der Menschheit in Gang bringe.

Der Weltschöpfer habe die Menschenrasse erschaffen, indem er die Menschen durch ihre Hautfarbe voneinander unterschieden habe, oder durch ihre körperliche Gestalt und Sprache, wie andere Texte ergänzen. Die Texte beschreiben bisweilen die den Altägyptern bekannten vier großen Volksrassen als Kinder ein und desselben Gottes; später seien sie durch das göttliche Tun unterschieden worden. Grundsätzlich bekämen sie alle Zugang zu den Paradieswohnungen des Jenseits. – Dies zeugt von einer weitherzigen Haltung der Altägypter, die doch Fremde als Todfeinde der pharaonischen Welt betrachten. – Das *Pfortenbuch* läßt in einer Szene *Horus*, den Hirten der Völker, über die verstorbene Menschheit wachen. Sie setzt sich aus vier Palästinensern, vier Nubiern, vier Libyern und schließlich aus vier Ägyptern als den „wirklichen" Menschen und Mustern der Gattung zusammen.

Altägypten kennt auch eine Vorstellung, welche die ganze Schöpfung auf den Menschen und sein Wohl bezieht – eine humanistische Richtung, die sich an dem Thema vom „Kleinvieh Gottes" entfaltet hat. Vor über zweitausend Jahren vor Christi

Geburt hat ein König für seinen Nachfolger *Merikare* sittliche und politische Lehren verfaßt:

„Versorgt die Menschen, das Kleinvieh Gottes. Er hat Himmel und Erde nach ihrem Wunsche gemacht, den Gierigen der Wasser in seine Schranken gewiesen. Er schuf die Luft, um ihre Nasenlöcher zu beleben. Denn sie sind seine Abbilder, die aus seinen Gliedern (aus seinem Fleische) hervorgingen. Er geht am Himmel auf nach ihrem Wunsch. Er hat die Futterpflanzen für sie geschaffen, Kleinvieh, Vögel und Fische, um sie zu ernähren...“

In einer viel später entstandenen Urkunde lesen wir, die Entstehung der eßbaren Pflanzen sei auf die Sorge Ptahs um die Menschen zurückzuführen; auch habe Ptah zum Wohl der Menschen die Arbeit eingesetzt.

Die religiösen Zentren Altägyptens – Heliopolis, Hermopolis, Memphis, Theben und manch andere Orte – wollten jedes für sich beanspruchen, Ort der Schöpfung und damit zugleich Ausgangs- und Mittelpunkt der Welt zu sein. Vor allem aus diesem Grund hat sich die Verschiedenheit der Auffassungen von der Entstehung der Welt entwickelt.

Die Idee vom Urhügel kommt ursprünglich aus Heliopolis. Der dortige Gott Atum wird in einem Wortspiel geradezu als Hügel angesprochen: „Du bist hoch in diesem deinem Namen Hoher (das heißt *Hügel*).“ – Diese Vorstellung finden wir auch in Memphis, wo sie mit dem Lokalgott *Ta-tenen* – das heißt *aus dem Meer aufgetauchtes Land* – verknüpft wurde. Desgleichen gewannen auch die anderen Zentren jedes zur Zeit seiner religiösen und politischen Blüte den Ruf einer Urstätte, von der aus das Wachstum der Erde und die Landnahme vor sich gegangen sei.

Die Städte Altägyptens gelten als die Mittelpunkte der Welt, also gilt auch das Land selbst im Verhältnis zu den Nachbarländern als Mittelpunkt. Die Lage der Nachbarländer wird aus der Sicht Ägyptens eingeteilt: Libyer, Nubier und Asiaten wohnen im Westen, Süden und Osten des Reiches, das Meer liegt im Norden. Die Gottheit spricht zum Pharao:

„Der Süden ist dir gegeben, soweit der Wind weht, der Norden bis ans Ende des Meeres, der Westen soweit die Sonne läuft, (der Osten bis dahin, wo) sie aufgeht als Schu.“

Daß der Ägypter sein Land als Zentrum der Erde betrachtet, zeigen auch zwei Riten der Krönungsfeierlichkeiten: Der König schießt bei seinem Herrschaftantritt Pfeile in die vier Himmelsrichtungen ab, und man läßt vier Vögel nach Süd und Nord, West und Ost fliegen, um den Regierungsantritt des neuen Pharao auf allen Seiten der Erde zu verkünden.

In New York zeigt uns ein Sarkophag aus dem vierten bis dritten Jahrhundert v. Chr. die Darstellung der Erde als Kreis, innerhalb dessen die Gaue Ägyptens einen Ring bilden, so daß sie mit Selbstverständlichkeit in der Mitte liegen.

Horapollon spricht den klaren Satz aus, das ägyptische Land bilde die „Mitte der (bewohnten) Erde“ und fügt vergleichend hinzu: „wie die Pupille in der Mitte des Auges“. Auch *Stobäus* räumt Ägypten als dem „hochheiligen Land“ die Lage im Mittelpunkt der Erde ein. *Pseudo-Apuleius* rühmt Ägypten als „Tempel der ganzen Welt“ und „Abbild des Himmels“. – Wie das Land Ägypten alljährlich aus den Fluten des Nils auftaucht, so sei schließlich auch die Welt als Urhügel aus dem Wasser entstanden.

Für einige ägyptische Theologen treten die Schöpfergötter nach Erfüllung ihrer Aufgabe in den Ruhestand und überlassen die Weltregierung den jüngeren Göttern, die aus ihnen hervorgegangen sind. Nach mancher Ansicht sind die Schöpfergötter sogar gestorben und an einem bestimmten Platz begraben worden. Die lebenden Götter, ihre Söhne und Nachkommen, haben für sie den Totenkult eingerichtet, den man jedem Verstorbenen schuldet: Das ist der Fall bei den Acht von Hermopolis, die nach der späteren thebanischen Theologie nach *Djeme* – dem heutigen *Medinet Habu* – gingen und dort starben. Auf dem Berg östlich von *Edfu* stand der „Hohe Tempel“, in dem die für die Welt verantwortlichen göttlichen Erbauer ihren letzten Schlaf schliefen. Das Land nördlich von *Esne* hat ebenfalls seinen „Hügel“, unter dem neben den sieben Schöpferworten der Schlangengott *Kenatef*, der sich auch im Hügel von Theben befindet, Atum und seine beiden Zwillinge Schu und Tefnut ruhen.

Für viele Theologen Altägyptens ist der Schöpfergott niemand anders als der höchste Gott der Stadt, der mit der Sonne gleichgesetzt wird. Die Schöpfung ist die erste seiner Großtaten gewesen, er ist ewig und mächtig.

Immer neue Lobpreisungen feiern den Schöpfer. Der Schöpfer geht eigenständig mit dem vorgegebenen Nun um, wird Erhalter der Welt, Herr des ägyptischen Königs und Schirmherr der ägyptischen Staatsidee. So preist der ägyptische Hymniker den großen Gott Ptah mit den Worten:

„Gegrüßt seist du, du Großer und Alter, Ta-tenen, Vater der Götter, großer Gott des ersten Males, der die Menschen bildete und die Götter machte, der das Werden begann in der Urzeit, Erster, nach dem alles, was gekommen ist, entstand, der den Himmel machte durch das, was sein Herz schuf, der ihn emporhob durch die Erhebung des Schu, der die Erde gründete durch das, was er selbst gemacht hat, der sie umgeben hat mit dem Nun (und) dem Meere, der die Unterwelt gemacht hat (und) die Toten zufriedenstellte, der den Re (dorthin) reisen läßt, um sie zu erquicken als Herrscher der Ewigkeit und Herr der Unendlichkeit. Herr des Lebens, der die Kehle atmen läßt, der Lufthauch an jede Nase gibt, der jedermann durch seine Speisen am Leben erhält, dem Lebenszeit (genauer: Zeitgrenze und Entwicklung) unterstellt sind, durch dessen Anspruch man lebt, der Opferspeisen macht für alle Götter in seiner Gestalt des großen Nun, Herr der Ewigkeit, dem die Unendlichkeit unterstellt ist, Lebenshauch für jedermann, der den König geleitet zu seiner großen Stätte in seinem Namen ‚König der beiden Länder'.“

Der Mensch im Kollektiv

Sumerische Schöpfungsmythen

Die Sumerer fügen ihre Mythen aus Elementen zusammen, die sie der Welt ihrer Ackerbaukultur und der gesellschaftlichen Organisation in ihren großen Städten entlehnt haben.

Dieser Schluß läßt sich aus Untersuchungen des gedanklichen und begrifflichen Gerüsts des Mythos überhaupt ziehen: Der Übergang der Dinge vom Urzustand zu kosmischer Ordnung stellt sich in Begriffen dar, welche die natürlichen Gegebenheiten des Landes und seine besonderen materiellen und zwischenmenschlichen Verhältnisse widerspiegeln.

Das Land von Sumer und Akkad liegt in Südmesopotamien, zwischen den mächtigen, lehmhaltigen Flüssen Euphrat und Tigris und dem Persischen Golf. Wir besuchen ein unbeständiges Tiefland, dessen Boden feucht vom Wasser der Flüsse ist, größtenteils aus dem Schlamm bestehend, den die großen Ströme angeschwemmt haben. Es gleicht einer Seelandschaft, in der die Erde nur mühsam über das ständig anstürmende Meer siegen kann.

Auch dort kann der Mensch im Kampf gegen die Naturgewalten nur bestehen, wenn er befestigte Städte baut: Die Sumerer bauen ihre Städte im fünften Jahrtausend vor unserer Zeitrechnung über dem flachen Erdboden auf dichten Schilfunterlagen. Die bedeutendsten Städte Sumers sind *Nippur*, der politische Mittelpunkt des Landes, und *Eridu*, die religiöse Hauptstadt Sumers. Später wird Eridu von *Uruk* ersetzt.

Die sumerische Zivilisation zeigt uns ein weiteres Merkmal, nämlich ihre Bauweise: Wer ein Gebäude errichtet, zerstört das schon Vorliegende nicht. Er schüttet auf. Deshalb liegen die Räume seines Hauses höher und über denen der Vorgänger. – Dieses Merkmal finden wir auch in einem Teil der sumerischen

Literatur. Denn die Dichter versuchen nicht, die überlieferten Mythen und Legenden zu zerstören, um ihren eigenen Beitrag hervorzuheben. Sie erhalten das alte Erbgut und reihen Überlieferung und neuen Stoff nebeneinander. Deshalb begegnen wir in den sumerischen Erzählungen bisweilen verschiedenen Göttern nebeneinander, denen allen die gleiche Tat, in unserem Fall die Schöpfung, zugeschrieben wird.

Diese Verschmelzung verschiedenen Erzählguts, die sich nicht um eine harmonische, widerspruchslose Zusammenfassung des vorhandenen Materials bemüht, erschwert uns heute unsere Aufgabe, eine klare Darstellung der eigentlich sumerischen Vorstellungen von der Entstehung der Welt zu zeichnen.

Die heute bekannte sumerische Literatur ist uns auf etwa dreitausend Tontafeln in mehr oder weniger gutem Zustand erhalten. Amerikanische Ausgrabungen haben den Großteil der Literatur zu Beginn unseres Jahrhunderts in Nippur ans Tageslicht gebracht. Wir können diese Tontafeln im *University Museum* in Philadelphia und im *Antikenmuseum* in Istanbul besichtigen.

Nur ein Drittel des gesamten vorhandenen literarischen Materials stammt aus den übrigen religiösen und kulturellen Zentren Sumers. Dieser Teil ist auf die Museen der Welt verstreut. Die Erschließung dieser Texte ist noch nicht vollständig gelungen.

Den uns zugänglichen Texten können wir entnehmen, daß sich ihre Niederlegung über acht Jahrhunderte – vom 20. bis zum zwölften Jahrhundert v. Chr. – erstreckt hat. Manche Tafeln wurden zur Zeit der babylonischen Dynastie von *Isin* und *Larsa*, zwischen 1969 und 1732 v. Chr., beschrieben, andere gehören in die Zeit *Hammurabis* (1712 bis 1686 v. Chr.), eine dritte Gruppe in den Beginn der Herrschaft der *Kassiten* (1530 bis 1153 v. Chr.). – Selbstverständlich erzählt nur ein Teil dieser Schriften von der Schöpfung der Welt.

Aber auch das volle Verständnis zusammenhängender Texte ist noch nicht erschlossen.

Die Sumerer beobachten in Südmesopotamien, wie bei der Verfestigung der Meeresküste das Land aus dem Wasser auftaucht. Das feste Land scheint auf dem Wasser zu ruhen und so rings von ihm umspült werden. So besteht der Erste Akt der Schöpfung darin, daß das feste Land aus dem Wasser entsteht.

Vom Himmel kommt der Regen herunter. Das bedeutet, daß sich auch dort oben Wasser befindet. Der Himmel hat also denselben Ursprung wie die Erde: Er ist aus dem Wasser entstanden. Das ganze Universum *anki* (d. h. *Himmel und Erde*) kommt demnach aus dem Wasser. Die sumerischen Texte sagen: Aus dem „Abgrund des Wassers", der „Wassertiefe" teilten sich Himmel und Erde. Denn am Anfang waren „alle Länder Meer".

Der Mythos erwähnt eine „Mutter", Gebärerin von Himmel und Erde". Das ist die Göttin *Mammu*, deren Kult besonders zur Zeit der dritten Dynastie von Ur (2072 bis 1962 v. Chr.) blühte. Mammu ist das Meer, der Süßwasserozean, der Ursprung von Welt, Himmel, Erde und Göttern. Wir werden die Götter als verschiedene Erscheinungsformen der Welt kennenlernen.

Mit der Entstehung der Welt aus dem Wasser hat die Schöpfung begonnen. Der Mythos vergleicht nun den Urzustand der Welt, bevor sie zum Kosmos geordnet wird, mit dem Schlaf. – Die verschiedenen Akte der eigentlichen Schöpfung bestehen aus der Trennung von Himmel und Erde, der Erweckung der Welt, der Erschaffung des Lebens, der Fruchtbarkeit und endlich der Erschaffung des Menschen.

Himmel und Erde, durch eine Art Ausfluß aus dem Wasser entstanden, heißen in einigen Texten die *beiden Zwillinge*. Am Anfang sind sie noch vereint und durchdringen einander. Wie nun ihre Trennung geschieht, beschreiben die Texte unterschiedlich:

Manche Textbruchstücke sprechen von der Trennung des Himmels und der Erde, ohne die Mithilfe irgendeines Gottes zu erwähnen. Der Eindruck entsteht, Himmel und Erde schieden sich aus eigener Kraft:

„Als Himmel und Erde, die beide fest zusammengeschlossen waren, aus dem Abgrund sich teilten (wörtlich: sich hälfteten)..."

oder:

„Als der Himmel von der Erde sich getrennt, als die Erde vom Himmel sich abgegrenzt hatte..."

Andere Texte aber nennen eine Kraft, die eingegriffen habe:

„Der Herr, entschlossen zu tun, was nützlich war. Der Herr, dessen Entschlüsse unerschütterlich sind, Enlil... dachte sich aus, den Himmel von der Erde zu trennen, dachte sich aus, die Erde vom Himmel zu trennen...“

Enlil ist der Gott des Windes, der Luftraum, in den sumerischen Texten *der große Berg* genannt. Sein Tempel in Nippur heißt *Berghaus.* Damit ist Enlil die Stütze des Himmels. Er trennt Himmel und Erde, ist nach sumerischer Aussage aber auch *Band des Himmel und der Erde.* Er trennt und vereint also. – Ein Gedicht erzählt uns:

„Als der Himmel von der Erde sich getrennt,
als die Erde vom Himmel sich getrennt hatte,
...
als An den Himmel zu sich hatte gehen lassen,
als Enlil die Erde zu sich hatte gehen lassen...“

Hier erhalten *An* und Enlil ihren jeweiligen Bereich. Wir dürfen wohl mit Recht daraus schließen, daß beide bei der Trennung von Himmel und Erde mitgewirkt haben.

Für die Sumerer bedeutet die Erschaffung der Welt weniger deren In-Erscheinung-Treten als vielmehr deren Ausstattung mit dem gewohnten Zubehör:

Die Welt ist vor der Schöpfung in einem chaotischen Zustand. Am Himmel und auf Erden fehlen alle Dinge, die unsere Welt zu einem geordneten und bewohnbaren Ganzen machen. Die Welt ist noch in tiefem Schlaf versunken, keine Flüsse, keine Kanäle, keine Pflanzen, keine Tiere und keine Menschen sind da in der Welt. – Manche Texte zählen die Dinge genau auf, die in dem chaotischen Urzustand der Welt nicht vorhanden sind: „Tempel, Rohr und Baum, Ziegel und Ziegelform, Häuser und Städte...“ Es gab kein Getreide. Es gab kein Land und Graben; es gab nicht Schaf und Lamm, Ziegen, Wildstiere; die verschiedenen Getreidearten, die Kleider waren unbekannt.

Die erste Aufgabe der Götter besteht nun darin, die Erde zur Bestellung vorzubereiten: Am Anfang sind alle Länder Meer; jetzt aber entsteht in der Mitte des Meeres eine Rinne, eine Strömung, in der das Wasser wie nach einer Überschwemmung abfließt. Dann fügt der Gott – hier *Marduk* – auf der Oberfläche des Wassers einen Gegenstand aus Rohr zusammen, wohl ein Rohrgeflecht, erschafft Erde und häuft sie auf dem Rohrgeflecht auf.

Die nächste Aufgabe der Götter ist es, „den Kanälen und Gräben die richtige Richtung“ zu geben, „die Ufer des Tigris und des Euphrat zu befestigen“.

Als Bedingung jeder Fruchtbarkeit und jedes Wachstums muß nun Süßwasser fließen. Die unberührte Gattin Enkis ruft ihren Gatten, den Gott des Grundwassers, und bittet ihn um das lebensnotwendige Süßwasser. Enki antwortet:

„Aus dem Mund, der Quellen hervorsprudelt, wird dir Süßwasser aus der Erde gebracht,
Er wird für dich das Wasser in das weite Gebiet sprudeln lassen.
Für dich wird er deine Stadt mit reichlichem Wasser durchgießen,
Für dich wird er Dilmun mit reichlichem Wasser durchgießen.
Dein Salzwasserbrunnen soll ein Süßwasserbrunnen werden.
Für dich wird er deine Felder mit Getreide bedecken...“

Von der Entstehung der Pflanzen und der Tiere erzählen indirekt die Mythen über die Entstehung der verschiedenen Götter, die als Schutzgötter der Tiere gelten. Der Enlil-Mythos schildert: Die zwei Söhne Enlils, Emeŝ und Enten, sind die Schutzgottheiten der Felder und der Herden. Emeŝ hat den Auftrag, die Felder und Bäume zu betreuen, und Enten sorgt für die Fruchtbarkeit der Herden. – In Eridu, dem Bereich des Gottes Enki, wirken Aŝnan, die Göttin des Getreides, und Lahar, dem die übrigen Pflanzen und die Tiere unterstehen.

Zwischen Emeŝ und Enten und zwischen Aŝnan und Lahar bricht ein Streit aus, wem jeweils der Vorrang gebühre. Im ersten Fall entscheidet Enlil zugunsten von Enten. Im zweiten Fall suchen Enlil und Enki zu vermitteln. – Das Gedicht erinnert an die Geschichte von Kain und Abel. Leider fehlt uns sein Schluß; wir wissen nicht, wie und ob der Streit geschlichtet wird.

Die Sendung Lahars und Aŝnans auf die Erde meint die Erschaffung der Pflanzen und Tiere, deren Obsorge diese Götter tragen. Aŝnan kommt auf die Erde mit Flug und Hacke, die sie den Menschen weitergibt.

Der Hauptzweck des *Dilmun*-Mythos ist die Verherrlichung Enkis, des Gottes der Erde. Der Mythos schildert die Entstehung der Pflanzen als Ergebnis der Liebesabenteuer des Gottes, oder diskreter gesagt: als Frucht der Zeugungskraft des Gottes. Das Leben in den Pflanzen erkläre sich nämlich aus der Fruchtbarkeit Enkis.

Wir fassen diesen Teil des Dilmun-Mythos zusammen: Der Gott Enki macht zunächst in einem Akt einsamer Schöpfung mit seinem Samen das sumpfige Land fruchtbar. So wird die Fruchtbarkeit der Erde mit der geschlechtlichen Kraft des Gottes verbunden – ein Ausdruck der Einheit aller Fruchtbarkeitsformen. Dann vereinigt sich der Gott mit seiner Gemahlin, zunächst *Jungfrau* genannt. Diese Göttin *Nintu* erhält im Augenblick der Empfängnis den Namen *Herrin des Landes*; sie heißt, als sie gebiert, *Ninhursag*.

Die Serie der nun folgenden Geburten führt zur Erschaffung verschiedener Pflanzenarten. Nintu gebiert die Göttin *Nimnu* – die Göttin, die wachsen läßt – in neun Tagen, denn – so erklärt das Gedicht – „ein Tag ist ihr ein Monat“. Enki vereinigt sich mit der neuen Göttin Nimnu, und diese gebiert in neun Tagen die *Ninkur*. Der Vorgang wiederholt sich: Ninkur gebiert *Uttu*, eine Pflanzengottheit.

Ninhursag, die erste Gattin Enkis, rät der Uttu, die Werbung des Gottes erst dann anzunehmen, wenn er ihr Hochzeitsgeschenke bringt, „Gurken, Äpfel und Trauben“, also Pflanzenarten... Enki bringt die geforderten Geschenke. Die Vereinigung Enkis mit Uttu führt aber nicht zur Geburt einer neuen Göttin. Denn Ninhursag benutzt den Samen des Gottes, um acht verschiedene Pflanzen zu schaffen, die im Sumpf wachsen. Enki ißt die Pflanzen auf – wie in der griechischen Sage *Kronos* seine Kinder ißt. Empört verflucht Ninhursag den Enki und verschwindet.

Im nächsten Abschnitt eilt die Göttin Ninhursag zu dem sterbenden Enki, seine Schmerzen zu heilen. Zur Heilung der acht kranken Körperteile des Gottes erschafft Ninhursag acht entsprechende Pflanzen, allesamt Gottheiten. – So beschreibt der Dilmun-Mythos die Entstehung der Pflanzen durch die Tätigkeit des Götterpaares Enki und Nintu, die von den Göttern den Auftrag zur Ordnung der Erde vor derer Bevölkerung von den Menschen erhalten.

Der Mythos stellt also die Erschaffung der Pflanzen und Tiere mit der Erschaffung oder Sendung ihrer Schutzgottheiten dar oder setzt dies ohne nähere Beschreibung voraus. Doch die Darstellung der Erschaffung des Menschen nimmt einen besonderen Rang ein, weil der Mensch die übrige Schöpfung weit überragt.

Vor der Erschaffung des Menschen gibt es zwar schon Pflanzen und Herden, die Götter weiden ihr Vieh und lagern ihr Getreide auf dem heiligen Hügel:

„*Doch als es sich häufte im Speisehause der Götter,*
Im Überfluß von Vieh und Getreide
Aßen die göttlichen Anunna vom heiligen Hügel,
Doch sie sättigten sich nicht;
Und von dem köstlichen Produkt,
Von der Milch ihrer heiligen Schafställe
Tranken die göttlichen Anunna vom heiligen Hügel,
doch sie tranken sich nicht satt.“

So ist die Erschaffung der Menschen zur Übernahme der Arbeit notwendig, welche die Götter vorher selbst verrichten mußten. In einer Besprechung im Rat der Götter wird die Erschaffung des Menschen geplant und mit den Anunna-Göttern besprochen. Der Text erzählt weiter:

„*So gaben sie (die Götter) für ihre heiligen Schafställe mit dem köstlichen Erzeugnis den Menschenkindern den Lebenshauch.*“

Ein anderer Text läßt die niedrigen Götter, die eine Art Hofstaat der großen Götter bilden, bei An, Enlil, dem Sonnengott Babbar – dem größten Gott der Anunna – und Enki sitzen und fragen:

„*Was sollen wir tun,*
was sollen wir schaffen?
Anunnan, große Götter!
Was sollen wir tun,
was sollen wir schaffen?“

Die großen Götter, die dabeistehen, die Anunna, die Götter, die die Geschicke bestimmen, sie wenden sich zu Enlil:

„In Uzuma (wohl ein Heiligtum in Nippur),
dem Bande des Himmels und der Erde,
wollen wir Lamga, Lamga schlachten,
aus ihrem Blute die Menschheit schaffen."

Der Sumerer versteht die erschaffenen Menschen nicht als einzelne Person, sondern als Masse – wie das Volksgewimmel in den großen Städten... Das sumerische Wort mit der Bedeutung *Volksmenge* heißt *á-dam.*

Diese Vorstellung von der Erschaffung der Menschen folgt aus der Anschauung, nach der die Menschen Aufgaben im Dienst der Götter übernehmen sollen.

Manche Texte stellen nur fest, *daß* der Mensch erschaffen wird. Das oben angeschnittene Gedicht läßt den Menschen aus dem Blut der *Lamgas* entstehen. Die Lamgas sind die Erscheinungsformen der Göttin *Belit-ili,* deren Namen *Bildnerin der Menschheit* und *Bildnerin des Herzens* bedeuten.

Berossos, ein sehr später Zeuge dieser Mythen, erzählt, das Blut *Bels* sei mi der Erde vermischt worden. Diese Einzelheit scheint ein älterer Text zu unterstützen, in dem die Göttin Ninhursag als Helferin auftritt, während in anderen Texten die Göttinnen *Aruru* oder *Ninmah* genannt werden.

Weil die Menschen als Gemeinschaft erschaffen werden, erwähnt der Mythos die Erschaffung der Frau nicht besonders; denn ihre Erschaffung ist in der Erschaffung des Kollektivs einbegriffen.

Doch der Text, den der Wissenschaftler *Kramer* „Erschaffung des Menschen" nennt, schildert Unterschiede in der grauen Masse des Kollektivs der Menschen: Ninmah und Enki hätten sechs verschiedene Typen von Menschen gebildet. Die beiden letzten seien das unfruchtbare Weib und der Eunuch, der für den Dienst am König bestimmt sei.

Die Menschen sollen die Arbeiten der Götter übernehmen, deshalb räumen die Götter nun den heiligen Hügel auf, auf daß sie nun ihr ewiges, seliges Leben genießen können, während die Menschen für sie sorgen. – Die Menschen müssen zunächst in sehr bescheidenen Verhältnissen ihren Lebensweg antreten:

„Die Menschheit, an dem erhabenen Tage,
da sie geschaffen wurden,
ihre Speisen kannten sie nicht,
sich mit Kleidern zu bekleiden, verstanden sie nicht.
Das Land brachte nur allerlei Rohr als sein Erzeugnis hervor (?)
wie Schafe mit ihrem Munde aßen sie (Kraut).“

Aber die Götter schicken ihnen Kultur: Sie senden ihnen die Pflanzengottheiten und die Schutzgottheiten der Herden, die ihnen Werkzeuge zur Bestellung der Erde zuteilen. Die Menschen erhalten Pflug, Joch, Hacke für den Ackerbau, Hacke und Tragbrett für den Bau von Tempeln, Palästen und Häusern. Die Texte erwähnen noch andere Werkzeuge mit entsprechenden Gottheiten.

Die Tontafeln der Sumerer beschreiben uns die Aufgabe der Menschen:

„Der Dienst der Götter sei ihre Aufgabe.
Für ewige Zeiten den Grenzgraben festzusetzen,
Hacke und Tragbrett in ihre Hand zu legen,
in die Tempel der großen Götter,
ins erhabene Heiligtum (Abgaben) zu liefern,
Flur gegen Flur abzugrenzen,
für ewige Zeiten
die Grenze festzusetzen,
die Kanäle gerade zu machen...
Die Felder der Anunna strotzen zu lassen,
den Überfluß des Landes zu mehren,
die Götterfeste zu begehen,
kühles Wasser auszugießen,
in die große Wohnung der Götter, in das erhabene
Heiligtum es zu bringen.“

Zum Schluß unseres Besuchs bei den Sumerern beleuchten wir die hervorstechenden Merkmale des sumerischen Schöpfungsmythos:

Der sumerische Mythos sucht ganz offensichtlich die Organisation des Kosmos zu erklären, indem er die menschliche und gesellschaftliche Erfahrung von Sumer auf der Ebene der Götter abbildet. Ergebnis der Betätigung der Menschen im Dienst an den Göttern ist das Leben der Volksmengen in den Städten Sumers. So ist der Mythos und seine Formen Ausdruck und zugleich Begründung der Gesellschaft, in der er entsteht.

Ein anderes Merkmal ist die Vorstellung von der totalen Beherrschung der Menschen durch die Götter: Der Sinn des menschlichen Lebens besteht im Dienst an den Göttern. – Das ist eine eindrucksvolle Veranschaulichung des Glaubens an die Abhängigkeit des Menschen vom Göttlichen. Die Menschen verdanken den Göttern ihre Entstehung, und sie haben ihr Leben und ihre Kräfte in den Dienst an den Göttern zu stellen. Folglich ist das ganze Leben der Menschen Gottesdienst, es gehört in den heiligen Bereich der von der göttlichen Kraft durchdrungenen Welt.

Wie bei anderen Völkern ist der Gehalt des sumerischen Schöpfungsmythos Ausdruck der religiösen Erfahrung – der Erfahrung einer überlegenen, göttlichen Welt. Die Formen des Mythos, in denen er sich ausdrückt, sind jedoch meist den gesellschaftlichen Verhältnissen der jeweiligen Epoche entnommen.

Menschen leben zum Dienst der Götter

Babylonische Schöpfungsmythen

Um 1955 v. Chr. geht die letzte Dynastie der Sumerer – die dritte Dynastie von Ur – unter. Sie verschwindet vor der Herrschaft der akkadischen, also semitischen Dynastien von *Isin* und *Larem.* Nun sind die Babylonier an der Macht. Bis zu dem Tag, an dem der Begründer der Dynastie sich Babylons bemächtigt, ist diese Siedlung nur ein kleiner Flecken; jetzt aber wird der Ort mit seinem Gott auf Betreiben tatkräftiger Könige – *Hammurabi* ist unter ihnen der berühmteste – zum Mittelpunkt eines Riesenreiches.

Die Gebiete Sumers, die bis dahin aufgesplittert sind und verschiedene unanhängige Heiligtümer besitzen, werden unter der Führung Babylons zusammengeschlossen. Babylon tritt also die Stelle Sumers an. Babylon bewahrt auch das religiöse Erbe Sumers, nur muß nun der veränderten politischen Lage eine religiöse Veränderung in der Götterwelt entsprechen. Die verschiedenen Götter, die bisher die Heiligtümer Sumers beherrscht haben, werden dem babylonischen Gott *Marduk* untergeordnet; Marduk wird das Oberhaupt der babylonischen Götterschar – wenigstens theoretisch und in den offiziellen Texten.

Das heißt aber nicht, daß die alten Kulte und die alten religiösen Überlieferungen aus dem Leben der Menschen verdrängt werden.

Das sumerische Nippur bleibt das Kultzentrum des *Enlil,* und *Uruk* das Heiligtum des Himmelsgottes *An* oder *Anu.* Die Überlieferungen dienen dazu, die völlige Herrschaft des Marduk, des Gottes des neuen Staates, zu festigen. Der Ortsgott wird so zum Weltbaumeister. Dichter verfassen jetzt ein großartiges Gedicht, das als Ritualstück verwendet wird: Es preist den Marduk in seiner ganzen Herrlichkeit als Schöpfergott und Oberhaupt des himmlischen Hofes.

In diesem Gedicht finden wir noch viele sumerische Mythen. Wie die politischen Einrichtungen der Babylonier denen der Sumerer ähnlich sind, ja sich kaum von ihnen unterscheiden, so sind auch ihre religiösen Überlegungen von denen der Sumerer abhängig. Dieselben Götternamen, dieselben Mythen zeugen von derselben religiösen Welt.

Es ist uns also fast unmöglich, zu bestimmen, was in den babylonischen Mythen sumerischen Ursprungs ist und was den babylonischen Beitrag ausmacht. Wir kennen diese alte Literatur auch noch zu wenig. So kann ein in den Texten als babylonisch auftretender Mythos sehr wohl sumerischer Herkunft sein, wenn wir auch kein sumerisches Original besitzen. Verschiedene Texte, die bisher nur in babylonischem Gewand bekannt waren, sind auf Grund neuerer Befunde als sumerisch erkannt worden. Oder man hat solche sumerischen Texte gefunden, die ein bisher als babylonisch geltendes Thema auf ähnliche Weise unter Verwendung derselben Namen und vieler gleicher Einzelheiten behandeln. Gerade dort, wo die Geschichte der sumerischen und babylonischen Literatur keine Zusammenhänge zeigt, müssen wir vorsichtig sein: Wir dürfen dann keine voreiligen Schlüsse auf eine babylonische Ursprünglichkeit des Textes ziehen.

Der Text, in dem die Dichter sumerische Themen und Mythen aufgegriffen haben, in dem sie aber auch eigene Beiträge verarbeitet haben, ist das Gedicht von der Schöpfung. Es wird als Teil des babylonischen Rituals am Neujahrsfest öffentlich verlesen.

Wir werden uns mit diesem Text ausführlich beschäftigen. In manchen Abschnitten werden wir auch andere, weniger bedeutende Überlieferungen über die Schöpfung der Welt und vor allem des Menschen kennenlernen.

Das Gedicht von der Schöpfung wird nach seinen Anfangsworten *Enuma Elisch* – d. h. *Als droben – Als in der Höhe* – genannt. Es umfaßt sieben Tafeln mit jeweils durchschnittlich etwa 150 Versen. Das Werk ist uns mehr oder weniger vollständig erhalten geblieben, und zwar durch Abschriften, deren älteste aus dem neunten und deren jüngste aus dem zweiten Jahrhundert v. Chr. stammen. Die Abschriften und Bruchstücke kommen aus den wichtigsten religiösen Zentren des Landes: aus Assur und Ninive, Sippur und Kisch in Assyrien und aus Babylon selbst. So wird uns deutlich, welche Bedeutung dieses Gedicht einst hatte. Seine Sprache ähnelt dem Altbabylonischen. Das erlaubt uns die Annahme, der Text gehe auf die Zeit der ersten babylonischen Dynastie zurück, d.h. auf das 19. bis 17. Jahrhundert v. Chr. Der literarische Aufbau und das religiöse Ziel dieses Werkes entsprechen auch den literarischen Gewohnheiten der Epoche und den politischen Interessen dieser Dynastie. Denn dieses Gedicht ist nicht nur ein religiöses Dokument. Es ist auch ein Zeugnis von den politischen Umwälzungen, welche die babylonische Alleinherrschaft mit sich brachte.

Neben diesem Gedicht Enuma Elisch kennen wir noch andere Texte, die babylonische Vorstellungen von der Entstehung der Welt beschreiben. Aber keiner dieser Texte stellt als Ganzes eine reine Lehrschrift dar – sowenig wie das Gedicht Enuma Elisch. Wie auch dieses Gedicht sind die anderen Textbruchstücke oder ganzen Texte Teile von Ritualen und Beschwörungen. Jeder Text enthält Andeutungen oder Erklärungen, die die Weltschöpfung mit dem Anliegen in Zusammenhang stellt, für dessen Erfüllung das Ritual vollzogen wird. Die Weltentstehung wird je nach Text und Gelegenheit auf den Ziegelgott bezogen oder vornehmlich als Erschaffung des Wurmes beschrieben, der die Zahnschmerzen verursacht, usw. Auch diese zweitrangigen Schilderungen wollen wir auf unserem Besuch bei den Babyloniern berücksichtigen.

Am Anfang ist das Chaos, eine gestaltlose Materie, das Urgewässer. – Diese Vorstellung ist gemeinsames Gut aller Überlieferungen und Mythen des alten Orients. Das ist der Anfang, an dem „der Himmel oben noch nicht benannt war und drunten die Erde noch keinen Namen trug", an dem die Dinge noch nicht unterschieden sind.

Die erste Unterscheidung innerhalb der ursprünglichen Materie besteht darin, daß sich zwei Urgötter als Anfangsursachen von der Masse ablösen: Apsû ist eine männliche Gottheit, die den unterirdischen Süßwasserozean darstellt, auf dem die Erde schwimmt und der die Welt wie ein kreisförmiger Fluß umgibt. Apsû ist es, der die irdischen Ströme speist. Neben Apsû steht *Tiamat*, das Meer, der Salzwasserabgrund, aus dem alle Geschöpfe hervorgehen. Tiamat ist eine weibliche Gottheit, deren Eigenschaften als Mutter der Götter hervorragend sind: Sie ist mit vier Augen und vier Ohren ausgestattet, sie gilt sozusagen soviel wie zwei Götter.

Neben Tiamat steht auch das Wort *mummu*. Die Assyriologen sind sich über den eigentlichen Sinn dieses Wortes uneins. Man hat es mit *Wort* übersetzt, Wort, das aus dem ersten Götterpaar ausgegangen sei. Andere übersetzen lieber mit *erschaffen*: Mummu wäre dann, wie im ersten Fall, kein Beiname Tiamats, sondern eine dritte Gottheit; sie wäre der Nebeldunst zwischen Apsû, dem Süßwasser, und Tiamat, dem Salzwasser – Nebeldunst, der über den Urelementen schwebt. Heute ist man eher dazu geneigt, mummu als Beinamen der Tiamat zu verstehen, der dann mit *Mutter* zu übersetzen wäre.

Tiamat ist die Mutter der Götter, und diese Mutterschaft ist so tief in der Vorstellung der Babylonier verankert, daß die Rolle Apsûs für die Fruchtbarkeit ein bißchen in den Hintergrund tritt. Manche Überlieferung macht aus Tiamat ein zweigeschlechtliches Wesen. Tiamat ist nach diesem assyrischen Text „Oben Bel, unten Nin-lil", d.h. oben männlich, unten weiblich. – Das babylonische Schöpfungslied sieht Tiamat als Ungeheuer. Auf der vierten Tafel bezeichnet es sie als einen Fötus: Tiamat ist der Fötus, der die gesamte Entwicklung der Welt in sich enthält, ein Fötus von kosmischem Ausmaß.

Nichts von dem, was den Kosmos, die organisierte Welt ausmacht, ist bisher vorhanden. Apsû und Tiamat, Süßwasser und Salzwasser, sind in eins vermischt. Die Keime der Welt warten auf den Augenblick ihrer Entfaltung. Außer diesen Keimen ist nichts. Das Schöpfungslied beschreibt diesen Zustand:

„*Als kein Feld noch gebildet, kein Rohr noch zu sehen, einst, da von den Göttern kein einziger entstanden, kein Name genannt, kein Los bestimmt war – da wurden geschaffen die Götter...*"

Mit der Erschaffung der aufeinanderfolgenden Göttergenerationen beginnt die Entstehung der Welt. Die Götter entstehen paarweise aus dem Urpaar Apsû und Tiamat – zunächst das Paar *Lachmu* und *Lachamu*. Auf welche Weise diese Götter entstehen, erwähnt der Text nicht, sondern sagt: Sie offenbarten sich, und sie erhielten einen Namen. – Die Benennung bestätigt die Erschaffung und grenzt das Wesen und die Rolle der Götter ab.

Weitere Zeitläufe vergehen. Dann taucht ein drittes Paar auf:

Anshar, d.h. *die Gesamtheit des Himmels*, und *Kishar*, d.h. die Gesamtheit der Erde. Anshar und Kishar sind mächtiger als Lachmu und Lachamu, und so wird es immer bleiben: Jede neue Göttergeneration wird stärker und mächtiger als die vorherige – bis zu Marduk hin.

Mit der Entstehung der Götter des Himmels- und des Erdraums ist schon die Entbindung der Hauptbestandteile der Welt angezeigt. Der kosmische Embryo entwickelt sich, nimmt langsam Gestalt an. Es werden noch große Zeiträume vergehen, bis der Kosmos seine feste Form bekommt. Aber die Bewegung dorthin ist schon im Gange. Sie bildet die fortschreitende Bewegung von Sumer zu Babylon ab.

Aus Anshar geht sein Sohn *Anu* hervor, der große Gott des Himmels; das ist der Gott *An* der Sumerer. Anu erzeugt *Ea*; das ist der *Enki* der Sumerer. Ea überragt alle Götter an Weisheit und Klugheit, und er ist stärker als sein Ahnherr Anshar. Zuletzt entsteht Enlil – die Sumerer kannten ihn unter gleichem Namen. So sind nun die klassischen Götter versammelt: Anu regiert im Himmel, Ea-Enki beherrscht als Gott des Wassers, der Wissenschaft und der Zauberkraft den kosmischen Abgrund, Enlil ist Herr der bewohnbaren Welt, der Erde.

Aber Ea, der bisher als der größe unter den Göttern erscheint – der war er auch bei den Sumerern –, wird nun mit der Zeit und aufgrund einer Störung der Lage der Götter seinem Sohn Marduk den ersten Platz räumen. Der Mythos zeichnet hier die politische Situation nach: Die Götter Sumers müssen dem babylonischen Gott Marduk weichen, wie die sumerischen Fürstentümer dem König Babylons weichen müssen, ohne aber dadurch völlig unterzugehen. Das Eingreifen Marduks beseitigt die Störung des Gleichgewichts zwischen den Göttern, wie der Sieg der Babylonier die gestörten Verhältnisse in den sumerischen Gebieten wieder in Ordnung gebracht hat.

Der Mythos schildert nun die Krise in der Götterwelt und die Rolle Marduks, der zum eigentlichen Schöpfer der Welt wird.

Die Entwicklung des Chaos zu einem geordneten Kosmos kann nicht ohne Bewegung, manchmal heftige Bewegung geschehen: Zwischen dem Himmelozean Apsû und dem Salzwasser, dem Meer, geraten die jüngeren Götter außer Rand und Band. „Sie tanzen, springen umher inmitten der Himmelswohnung. Sie dämpfen ihr Geschrei nicht einmal inmitten des Apsû.

Sie stören Tiamat durch ungeordnetes Treiben, sie verwirren ihr Gemüt ...". – Das ist das Mittel, das unterschiedslose Chaos zu erwecken, um die Entstehung der Welt voranzutreiben. Schildert diese Beschreibung nur die nötige innere Spannung innerhalb des Chaos, oder sollen wir in ihr auch sittliche Standpunkte finden? – Manche Autoren wie *Leo Oppenheim* wollen, daß es sich hier um eine Anspielung auf anstößiges Benehmen handele, auf eine Art Urinzest. Darum heiße es im Text: „Es ist ein ungeordnetes Treiben", und weiter: „Ihr Wandel mißfiel Apsû, es war ihm peinlich, denn sie waren erwachsen ..." Die Überlieferung der betreffenden Verse ist jedoch verderbt und läßt nur Vermutungen auf ein sittliches Urchaos gegen die soziale Ordnung der Familie zu. Allerdings haben wir ja Tiamat als Chaos kennengelernt.

Wie dem auch sein mag, das Benehmen der Götter mißfällt Apsû. Es stört seine Ruhe. Das Geschrei der Götter hindert ihn, zu schlafen. Nun beschließt Apsû, seine Nachkommenschaft zu vernichten.

Ea ist auf geheimnisvolle Weise über Apsûs Vorhaben unterrichtet und „gießt den Schlaf" über Apsû, fesselt und tötet ihn und errichtet seine Wohnung auf dem Apsû, dem Abgrund. Ea und seine Gemahlin *Damkina* ruhen jetzt hier in Majestät, hier wird Marduk geboren. Dessen Großvater Anu läßt die Winde entstehen und schafft die Wogen. Winde und Wogen stören das Meer Tiamat. Von „den ihrer Ruhe beraubten Götter beraten", rüstet Tiamat zum Kampf gegen die jungen Götter.

„Die Mutter des Abgrundes, die alles formt", erwählt unter den Göttern ihren Erstgeborenen *Kingu* und macht ihn zu ihrem Gemahl. Er ist es, der die Kräfte des Chaos gegen den Weltbaumeister Marduk, den Streiter der Götter, in die Schlacht führen soll.

Soweit der Inhalt der ersten Tafel. Die zweite und dritte Tafel berichten über die Kampfvorbereitungen auf beiden Seiten. Auch ein Teil der vierten Tafel ist diesem Vorgang gewidmet. Dann folgt die Beschreibung des Kampfes des Chaos gegen die neuen Kräfte, die den Kosmos ordnen werden, mit Marduk an ihrer Spitze.

Hier eine Zusammenfassung dieser Schilderung (Jockel, Götter und Dämonen, S. 35–38): Die Götter versuchen, Apsû zu überwältigen. Da berät Apsû sich mit Mummu, und sie gehen beide zu Tiamat, um sie zu bitten, ihnen gegen ihre göttlichen Kinder beizustehen. Tiamat beschließt, zusammen mit Apsû und Mummu die göttlichen Kinder zu vernichten. Aber der Gott Ea, der alles weiß, spricht einige Zauberformeln, und Tiamat und Apsû werden mit Schwäche geschlagen. Dann zeugt Ea mit seiner Frau Lachamu den großen Gotthelden Marduk, der vier Augen und vier Ohren hat, damit er alles sehe und höre. Wie leuchtendes, strahlendes Feuer ist Marduks Rede, und seine Gestalt überragt die aller anderen Götter. Er ist ein Sonnenkind, der Frühlingssohn, der die Finsternis überwältigt.

Der Gott Kingu, Tiamats Gemahl, ruft Tiamat zur Rache auf. Da sammelt Tiamat ihre Heerscharen; elf widerliche Ungeheuer ruft sie zum Kampf zusammen und gibt ihrem Gatten den Oberbefehl. Ea führt die Götter gegen sie an, aber er ist den Feinden nicht gewachsen. Ein heftiger Kampf tobt. Ea und die Götter werden besiegt und müssen weichen. Als Anschar Ea auffordert weiterzukämpfen, weigert sich Ea, den Kampf von neuem aufzunehmen. Nun befiehlt Anschar seinem Sohn Anu, die Götter gegen Tiamats grausiges Heer anzuführen. Aber als Anu die wüste Horde der Feinde erblickt, befällt ihn heftige Angst, und er bittet, ihn seines Auftrags zu entheben. Die führerlosen Götter begeben sich nun wiederum zu Ea und legen ihm nahe, seinen Sohn Marduk zu überreden, den Kampf zu wagen und den Oberbefehl zu übernehmen. Marduk ist zum Kampf bereit, tritt vor Anschar und spricht: „Noch ehe du zu Ende gesprochen hast, werde ich deinen Befehl ausgeführt haben. Wie sollten wir uns vor Tiamat, einem Weibe, fürchten?" – „Wohlan!", spricht Anschar, „bringe Tiamat zur Ruhe, daß sie Frieden hält!" Marduk verlangt für seinen Sieg jedoch einen hohen Preis: Er will im Saal der Schicksalsbeschlüsse, in dem die Götter jährlich über die Geschicke der Welt entscheiden, vor allen die Würde des obersten Gottes haben. Sein Wort und sein Gebot sollen im Himmel und auf Erden, für Götter und Menschen Geltung besitzen.

Allein kann Anschar dem Marduk diese Bedingung nicht einräumen. So ruft er alle Götter im Saal der Schicksalsbeschlüsse zusammen, läßt ein großes Mahl für sie bereiten und will sie veranlassen, bei Speise und Trank Marduks Bedingung zu erwägen und in Anbetracht der großen Gefahr anzunehmen. – Alle Götter betreten in großer Angst und mit furchtbarem Schrecken den

Saal der Schicksalsbeschlüsse, küssen einander zur Begrüßung, setzen sich an die Tafel und beginnen, zu essen und zu trinken. Obgleich sie bald trunken sind, zaudern sie doch immer noch, Marduks Bedingung anzunehmen. Sie halten ihn nämlich nicht für fähig, zu regieren. Schließlich fordern die Götter Marduk auf, einen Beweis dafür zu liefern, daß er genug Macht und Kraft zur Herrschaft über die Götter besitze. Sie legen ein Kleid vor ihn und fordern ihn auf: „O Marduk, der du als Weltbeherrscher über göttliche Kraft gebietest! Dein Wort genügt, zu erschaffen und zu vernichten. Befiehlst du es, so vergeht das Kleid; befiehlst du dann wiederum, so ersteht es neu!" Da spricht Marduk sein machtvolles Wort, und das Kleid vergeht im gleichen Augenblick. Wiederum spricht Marduk sein machtvolles Wort, und das Kleid entsteht neu. Als die Götter dies sehen, rufen sie: „So sei Marduk unser Herr!"

Marduk erhält von den Göttern das Zepter, den Thronsessel und das Beil zum Zeichen seiner Macht, und auf daß er die darinliegende Kraft gebrauche. Durch sein Wort schafft Marduk sich Bogen und Speere, Keulen und Köcher, den Blitz, ein Netz, um Tiamat darin zu fangen, die Winde und Orkane, die Wasserflut und den Streitwagen. Dann erhebt er sich in furchterregender Gestalt mit einem Kraut in der Hand, das Tiamats Gift unschädlich machen kann. „Auf in den Kampf!", ruft Marduk, „Daß Tiamat der Lebensatem abgeschnitten werde!"

Als Tiamats Horden Marduks Waffen erblicken, befällt sie furchtbare Angst. Tiamat aber ruft eine Zauberformel und schmäht Marduk mit höhnender Rede. Der aber erfaßt den Zyklon, seine Waffe, und ruft ihr entgegen: „Die du Kingu zu deinem Gemahl erkoren und mit ihm beschlossen hast, Unheil zu stiften und die Götter zu vernichten – komm her, damit wir miteinander kämpfen und uns messen!" Tiamat stößt mit weit aufgerissenem Rachen ihre Zauberformeln aus, doch Marduk läßt ihr den Sturmwind in den Rachen fahren, daß sie das Maul nie mehr zu schließen vermag. Er bläht ihr den Leib mit schweren Stürmen und schießt ihr einen Pfeil in den Schlund, der ihr Inneres zerfetzt und ihr Herz mitten durchbohrt. Dann fesselt Marduk Tiamat, wirft sie nieder und steigt als Sieger auf ihren Körper.

Tiamats Ungeheuer erschrecken gewaltig und ergreifen sofort die Flucht. Doch Marduk holt sie alle ein, zerbricht ihre

Waffen und fängt sie in seinem Netz. Danach spaltet er Tiamats Leib in zwei Hälften und erschafft daraus den Himmel und die Erde – wir werden an die Rolle des Uropfers in den Mythen der Völker erinnert. Er bestellt Wächter und befiehlt ihnen, die Wasser nicht vom Himmel abfließen zu lassen. Als Gegenstück des Himmels erschafft er den Ozean, die Wohnstätte des weisen Gottes Ea. So erschafft Marduk Himmel, Erde und Meer, über die er drei Götter setzt: Anu erhält den Himmel, Enlil (Bel) erhält die Erde, Ea erhält das Meer. Damit schafft Marduk Ordnung in der Götterwelt. Weiter erschafft und ordnet Marduk die Sternbilder und bestimmt den Weg der Himmelkörper. Zu beiden Seiten des Himmels öffnet er die Tore, durch welche die Sonne auf- und untergeht. Dann bestimmt er die Gestalten und Zeiten des Mondes. Als die Götter sich bei ihm beklagen, es gäbe keine Wesen, die ihnen huldigten und ihnen Opfer darbrächten, beschließt Marduk, ihr Anliegen zu erfüllen. So wird der Mensch erschaffen, dessen Aufgabe darin besteht, die Götter zu ehren und ihnen zu huldigen.

Die vierte Tafel hat nun schon die Handlungen Marduks geschildert, die zur Ordnung der Welt führen. Er hat das Werk des Weltbaumeisters und die Organisierung der Welt begonnen. Marduk schafft nach seinem eigenen Willen den Kosmos, nachdem er den endgültigen Sieg über die Mächte des Chaos errungen hat. Nun wird dem willkürlichen, ordnungsfeindlichen Wirken der chaotischen Kräfte die Organisation des Verstandes folgen. Durch das Zerschneiden des Leibes Tiamats gliedert er das Chaos und formt es endgültig fest. Die beiden Bereiche der Welt, der Himmel und die Erde, sind nun gebildet. Marduk ordnet den Himmel, durchschreitet ihn und prüft dessen Bezirke, der neue Sturmgott ordnet die Götterwelt. Und wie sein Vater Ea einen Palast auf dem Apsû gebaut hat, so errichtet Marduk eine Wohnung, sein Ebenbild, *Escharra* genannt: Diese Wohnung ist der Himmel.

Die Beschreibung der Ordnung des Himmels durch Marduk gibt dem Dichter eine gute Gelegenheit, das astronomische System der Babylonier darzustellen: Die fünfte Tafel beinhaltet eine Darlegung all dessen, was man über die Konstellationen, die Bestimmung der Ekliptik, die Konjunktionen der Gestirne und die Zeichen des Tierkreises weiß.

Diese astronomische Abhandlung ist für uns von großer Bedeutung. Denn sie verrät uns, daß die Babylonier die Erschaffung der Welt nicht als eine in der Vorzeit ein für allemal vollzogene Handlung betrachten. Sie gehen dagegen davon aus, daß sich die Entstehung der Welt jedes Jahr beim Erscheinen der Sonne im Frühjahr wiederhole, beim wiederholten Sieg des Lichtes, des Sonnengottes Marduk über die Kräfte der Finsternis, der Unterwelt, der Wasserregion, über Tiamat.

Die erste Hälfte des Leibes Tiamats hat zur Bildung des Himmels gedient. Die andere Hälfte dient zur Festigung der Erde. Die obere Hälfte des Meerwassers sammelt Marduk in den Wolken. Dann benutzt er die verschiedenen Glieder Tiamats, um der Welt ihre Gestalt zu verleihen: Auf ihrem Haupt erhebt sich ein Gebirge, aus ihren Augen entspringen die Ströme Tigris und Euphrat, auf ihrer Brust werden fruchtbare Hügel angehäuft, ihr Hinterleib dient als Träger der Himmel. Dann breitet Marduk sein Netz aus und trennt den Himmel von der Erde.

So vollzieht sich die deutliche Gliederung des Kosmos. Diese Gliederung ist keine Spaltung, denn Marduk sorgt für die Ordnung und die Harmonie des Kosmos: „Er verstärkt die Verknüpfungen zwischen Himmel und Erde, damit sie für immer hielten." Aus einer Schlinge aus dem Schwanz Tiamats fertigt Marduk das Band zwischen Himmel und Erde.

Die Ungeheuer, die Tiamat in ihrem Kampf gegen die Götter geholfen haben, werden in Statuen verwandelt. Sie stützen nun die Tore des Apsû, des Abgrundes, durch welche die Sonne auf- und untergeht.

Damit ist die eigentliche Erschaffung der Welt beendet. Es bleibt noch die Erschaffung des Menschen, doch vorher dürfen wir noch eines bemerken:

Der Leib Tiamats wird wie ein getrockneter Fisch zerschnitten, und der Text spricht von den Gliedern Tiamats. Diese Ausdrucksweise legt nahe, daß Tiamat auch als Seeungeheuer betrachtet wird, zumal sie das Ungeheuer Kingu zum Gemahl nimmt und andere Ungeheuer zum Kampf gegen die Götter schafft. Tiamat erscheint hier als die Urschlange, als Drache des Chaos, dessen Opfer für die schöpferischen Wirkungen späterer Opfer bedeutsam ist.

Andere Überlieferungen haben in verschiedenen Beschwörungen das Andenken an die großen sumerischen Vorstellungen bewahrt, vornehmlich an die vom Urmeer, von der Trennung von Himmel und Erde. Eine originelle Einzelheit liefert der Bericht von Marduks Welterschaffung: Marduk flicht eine Schilfmatte, die, mit dem vom Wind herbeigetragenen Staub beladen, sich in festes Land verwandelt.

Wir haben die Bedeutung des Teiles des Gedichtes Enuma Elisch beleuchtet, der eine astronomische Abhandlung und eine Darstellung des astronomischen Systems der Babylonier enthält. Diese Abhandlung in einem Werk, das die Entstehung der Welt schildern soll, hat uns darauf hingewiesen, daß für die Babylonier die Erschaffung der Welt jedes Jahr neu geschehe. Jedes Jahr findet in Babylon eine Feier statt, in der das Gedicht Enuma Elisch von der Erschaffung der Welt vorgelesen wird. – Werfen wir einen Blick auf die Feierlichkeiten dieses babylonischen Neujahrsfestes.

Der Anbruch eines jeden Jahres bedeutet eine Wiederaufnahme der Zeit an ihrem Beginn, eine Wiederholung der Kosmogonie. Durch Kämpfe und orgiastische Feiern wiederholen sich am Ende des Jahres in Erwartung des neuen Jahres die Augenblicke des Übergangs vom Chao zum Kosmos.

Die zeremonielle Begehung des neuen Jahres in Babylon heißt *akîtu* – ein sehr altes Fest, das schon in der sumerischen Epoche belegt ist. Es kann während der frühjährlichen Tag- und Nachtgleiche – im Monat *Nissan* – wie auch in der Tag- und Nachtgleiche des Herbstes – im Monat Tischrit – gefeiert werden.

Die Zeremonien dauern zwölf Tage. Im Festritual lesen wir, daß der Priester *Urigallu* vom Tempel *Ekua* nach dem Abendessen am Ende des Tages mit erhobener Hand das Enuma Elisch vom Anfang bis zum Ende vortragen soll, wobei der vordere Teil der Tiara des Anu und der Thron des Enlil bedeckt bleiben sollen.

Die Babylonier versetzen damit den Kampf zwischen Marduk und den Mächten des Chaos, dem Meerungeheuer Tiamat, in die Gegenwart. Daß diese Gedächtnisfeier der Schöpfung wirklich eine Vergegenwärtigung des kosmogonischen Aktes darstellt, erweist sich uns sowohl in den rituellen Handlungen als auch in den Formeln, die während der Zeremonie gesprochen werden. Zwei Gruppen von Darstellern führen den Kampf zwischen Marduk und Tiamat auf. Dieses Geschehen erinnert nicht allein an den vorweltlichen Kampf der beiden Mächte, sondern wiederholt, aktualisiert die Kosmogonie, den Übergang vom Chaos zum Kosmos. Der mythische Vorgang wird nun gegenwärtig. „Möge er fortfahren, Tiamat zu besiegen und ihre Tage zu verkürzen!", ruft der Priester. Der Kampf und der Sieg der Schöpfung findet im gegenwärtigen Augenblick statt.

Im Rahmen dieser akitû-Zeremonien feiern die Babylonier auch das *Losfest*, das Schicksalsfest *zakmuk*, an dem die Voraussagen für jeden der zwölf Monate des Jahres bestimmt und die zwölf kommenden Monate gleichsam geschaffen werden – ein Ritual, das mehr oder weniger deutlich in anderen Überlieferungen erhalten ist.

Das akitû-Fest umfaßt eine Reihe dramatischer Bestandteile, deren Zweck die Vernichtung der abgelaufenen Zeit ist, die Wiederherstellung des vorweltlichen Chaos und die Wiederholung des Aktes der Weltschöpfung.

Der erste Akt der Zeremonie stellt die Überwindung Tiamats dar und bedeutet zunächst einmal einen Rückschritt in die mythische Zeit, die der Schöpfung vorausgeht. Alle Formen sind nach der Vorstellung in der Wassertiefe des Anfangs untergegangen, in apsû. Daher setzt man einen „karnevalistischen König" ein, „demütigt" den echten Herrscher und stürzt alle soziale Ordnung um. Die Babylonier rufen die universale Verwirrung herbei, die Vernichtung der Ordnung und der Herrschaft, die Orgie und das Chaos. Wir nehmen gleichsam an einer Sintflut teil, die der ganzen Menschheit ein Ende bereitet, um der Heraufkunft einer neuen, wiederhergestellten Menschheit den Weg zu bereiten.

Die Erschaffung der Welt, die am Anfang der Zeit stattgefunden hat, wird nun ebenfalls in die Gegenwart versetzt. Der Mensch nimmt unmittelbar, wenn auch in beschränktem Maß, an diesem kosmogonischen Werk teil; diese Teilnahme versetzt den Menschen in die mythische Zeit und macht ihn zum Zeitgenossen der Kosmogonie.

Die Hierogamie, hier die heilige Ehe zwischen dem König und einer Tempelprostituierten verwirklicht nun in einer greifbaren Weise die „Wiedergeburt" der Welt und des Menschen.

Der Religionsforscher *De la Saussaye* erklärt uns: „Der Weltenmythos geht von der Vorstellung aus, daß einstmals die Frühjahrssonne im Bereich der Unterwelt, der Wasserregion gestanden hat. Das ist im Mythos die Zeit des Urchaos und der Sintflut. Das Hervorgehen und Auftauchen der Frühjahrssonne aus der Wasserregion ist der Sieg des Lichts über die Finsternis, der Sieg des Frühjahrsgottes über die Urflut, die Zeit der Weltschöpfung oder richtiger Welterneuerung, in welcher die Götterwohnungen auf dem himmlischen und irdischen Erdreich begründet werden, denn beide Reiche sind vordem von der Wasserregion überflutet. Deutlicher als die Spekulationen von Weltenjahren bilden die Mythen die entsprechenden Naturvorgänge des Jahreslaufs ab. Im Winter durchläuft die Sonne die Wasserregion des Tierkreises. Das Erscheinen der Sonne im Frühjahrsäquinoktium ist der alljährliche Sieg des Frühjahrssonnengottes über die unterirdischen winterlichen Mächte. Im Frühjahrsfest wird der Sieg des Sonnengottes gefeiert. An diesem Tage wiederholt sich alljährlich im Kleinen der Schöpfungsmorgen der Welt; Marduk, der Gott der Frühjahrssonne, triumphiert über das Urchaos und erneuert die Welt. Dieselben Erscheinungen kehren auch im Tageslauf wieder, die Morgensonne durchbricht das Dunkel der Nacht und vertreibt alle bösen Geister. Jeder Morgen ist wiederum ein Abbild des Schöpfungsmorgens im Kleinsten.“

Die babylonischen Mythen enthalten verschiedene Darstellungen der Erschaffung des Menschen, die in den meisten Fällen der sumerischen Literatur entnommene Bestandteile zusammenfassen oder einfach wiedergeben.

Wie in Sumer, so ist auch hier in Babylon der Mensch nicht als Krönung der Welt gedacht, sondern vielmehr als Diener der Götter. So lautet wenigstens die in dem Schöpfungsgedicht Enuma Elisch vertretene Ansicht: Der Mensch wird erschaffen, damit er den Dienst an den Göttern in Kult und Opfern versehe. Nach der Niederlage Tiamats und Kingus haben sich ja die Götter bei Marduk beklagt, es gäbe keine Wesen, die ihnen huldigten und ihnen Opfer darbrächten.

Marduk will dem Wunsch der Götter nach Dienern entsprechen, macht sich aber nun nicht ohne weiteres an die Erschaffung des Menschen. Denn die Stellung Eas als Schöpfer der Menschen im sumerischen Mythos ist so stark, daß die Dichter des babylonischen Mythos es nicht wagen, Ea beiseite zu schaffen und das ganze Verdienst um die Erschaffung des Menschen allein ihrem Sonnengott Marduk zuzuschreiben. Deshalb erzählt das Enuma Elisch:

„Als Marduk das Wort der Götter hörte,
beschloß er, ein großes Werk zu schaffen.
Er ergriff das Wort und sprach mit Ea,
um seine Meinung zu erfahren über den Plan,
den er ersonnen hatte:
‚Ein Gewebe von Blut will ich machen, Gebein will ich bilden,
um ein Wesen entstehen zu lassen:
Mensch sei sein Name.
Erschaffen will ich ein Wesen, den Menschen.
Ihm auferlegt sei der Dienst der Götter.‘“

Die Erschaffung des Menschen soll den besiegten Göttern, die immer noch in Tränen ihre Bestrafung erwarten, auch die Befreiung von der auf ihnen lastenden Todesdrohung bringen. Der Plan Eas sieht vor, der Mensch solle diese Todesbedrohtheit an Stelle der Götter auf sich nehmen.

Eine Bedingung wird allerdings gestellt: Einer der aufständischen Götter soll umkommen. Die besiegten Götter bewilligen den Plan und bestimmen, Kingu solle sterben, „der den Krieg erregte, Tiamat zur Revolte aufreizte, den Kampf begonnen hatte“. Also fesseln die Götter den Kingu,

„. . . führten ihn vor Ea.
Sie ließen ihn seine Strafe erleiden,
seine Adern durchschnitten sie.
Aus seinem Blute schuf er die Menschheit.
Er schrieb ihr den Dienst der Götter vor,
um diese davon zu befreien.“

So erschafft Ea den Menschen. Danach teilt Marduk die Gesamtheit der Götter in obere und untere Götter auf. Die Götter der unteren Welt sind von Dankbarkeit gegen Marduk erfüllt und geloben, ihm einen Tempel zu bauen. Marduk nimmt ihr Angebot freudig an und bestimmt Babel zum Ort des Tempelbaus. Nach einem Jahr ist der Tempel vollendet, seine Spitze ragt bis zum Himmel. Er wird Anu, Enlil (Bel) und Ea zur Wohnung angewiesen. Dann spricht Marduk zu den Göttern: „Dies ist Babel, das Tor Gottes, der Ort unserer Wohnung!"

Marduk lädt alle Götter, fünfzig an der Zahl, zu einem Festmahl in seinen Tempel. Nachdem sie alle gegessen und getrunken haben und die Tafel aufgeräumt ist, setzt Marduk mit ihnen die Gebote für die Aufrechterhaltung und Gewähr der Ordnung der Welt fest.

Damit ist die Tätigkeit Marduks als Weltbaumeister beendet. Nachdem Kingu, die Verkörperung der zerstörerischen Kräfte, seine Strafe erlitten hat, herrscht nun Ordnung in der Welt, bei den Göttern und auf Erden.

Andere kosmogonische Mythen lassen den Menschen zum Dienst an den Göttern aus dem Blut eines oder mehrerer geopferter Götter erschaffen werden. Die Schöpfer sind Marduk und Ea, die in manchen Überlieferungen durch die weiblichen Gottheiten *Aruru*, *Mami*, *Nintud* und *Ninhursag* ersetzt werden. Alle diese weiblichen Gestalten sind Erscheinungen der Großen Mutter, der Götterherrin Bêlet-ilî.

Der Bericht über die Schöpfung des Menschen durch Mami erzählt, die Götter hätten beschlossen, die Menschheit zu erschaffen, „damit sie die Last der Schöpfung trage".

„Sie beriefen die Göttin... die Mutter,
die hilfreichste der Göttinnen, die weise Mami:
‚Du bist die Urgebärerin, die die Menschheit
erschaffen (wird).
Erschaffe also Lullu, damit er trage das Joch...
Er sei geformt aus Lehm, lebe (?) durch das Blut.'"

Enki (Ea) schlägt vor:

„'Einen Gott soll man schlachten,
und die anderen (Götter) sollen gereinigt
werden durch das Gericht (?).'
Mit seinem Fleisch und seinem Blut
vermischte Nin-Hursag den Ton.
Gott und Mensch
werden so... vereinigt (?) sein im Ton."

Andere Texte sprechen von Ea, „der die Menschheit schuf, den Göttern zu dienen. Ea ist „der Herr der Menschheit, dessen Hände die Menschheit geschaffen haben“.

In einem Textbruchstück heißt es von Ea, er sei aus dem Ozean heraufgestiegen und habe zwei Menschen erschaffen, die sich durch eine schöne, zierliche Gestalt ausgezeichnet hätten:

„... da Ea (heraufkam) und zwei kleine Wesen baute,
in der Schar des Gewimmels (ihre Gestalt)
herrlich machte.“

Der Text über die Schöpfung der Mami ist leider abgebrochen und schwer zu deuten. Er erzählt, wie Ea und Mami bei der Erschaffung des Menschen vorgegangen seien. Nachdem die Göttin eine Beschwörung gesprochen habe,

„... nahm sie vierzehn Handvoll (Ton):
sie legte sieben Handvoll rechts hin;
sie legte sieben Handvoll links hin.
In die Mitte legte sie einen Ziegel.
Ea kniete auf einer Matte und öffnete den
Nabel (der kleinen Tonfiguren).
...
Von den beiden Gruppen der Mutterformen erzeugten
sieben die Männer;
sieben erzeugten die Frauen.

Die Gebär-Mutter (die Göttin), die die
Schicksale erschafft
ergänzte sie vor sich.

Mami zeichnete menschliche Formen.“

Hier werden die Menschen erschaffen, indem Mami ihre Formen in Lehm zeichnet und in ihnen das Leben zeugt.

Die Schöpfung geschieht in manchen Texten in einer Weise, die der Arbeit des Töpfers ähnelt:

„Ea schuf in seinem Herzen ein Bild
bildete... einen asinnu-Menschen.“

Oder: Die Göttin Aruru

„... schuf in ihrem Herzen
ein Ebenbild des (Gottes) Anu. Aruru wusch ihre Hände, kniff Lehm ab, warf ihn auf das Feld,
(und so schuf sie) einen Gewaltigen (Menschen).“

Der Urmensch heißt in diesem Text *Eabani.*

Von der Erschaffung der Frau erzählen uns die babylonischen Mythen wenig. Zwar haben wir von der Erschaffung der Männer und Frauen als jeweils sieben Personen durch Ea und die Göttin Mami gehört, aber sonst erwähnt nur das *Gilgamesh-Epos* – die Beschreibung der Abenteuer des babylonischen Helden Gilgamesh – die Rolle einer Urfrau. Der Text schildert, daß Eabani, der tierähnliche Urmann.

„... mit den Gazellen zusammen Kraut frißt,
mit dem Vieh zusammen sättigt er sich
an der Tränke,
mit dem Gewimmel des Wassers zusammen ist sein Herz wohl.“

Die List eines Jägers, der sich vor dem gewaltigen Helden fürchtet, führt diesem Eabani ein Weib zu. Das Weib zieht den Urmann in seine Netze, so daß er sich von seinen Gefährten, den Tieren, sechs Tage und sieben Nächte zurückhält. Als er sich nach dieser Frist wieder bei den Tieren einfindet, sind diese so scheu, daß sie vor ihm fliehen. Er begibt sich darauf wieder zu seinem Weib und läßt sich mit ihm in der Stadt *Erech* nieder. Da dem Eabani aber durch das Weib große Mühen und Leiden erwachsen, trifft es sein Fluch. – Wie wir aus diesem Text herauslesen können, kann es sich hier nicht um den ersten Menschen und die erste Frau handeln, denn der Text redet ja von einem Jäger und einer Stadt...

Das Gilgamesh-Epos spricht deutlich aus, daß der Mensch sterblich ist: Als der Held Gilgamesh nach langer Irrfahrt an einem wunderbaren Götterberg am Meer angelangt ist, befragt er die Göttin *Siduri-Sabitu,* die dort ihren Sitz hat, ob er leben, oder ob ihn, wie seinen Gefährten Eabani, das Todesgeschick ereilen werde. Die Göttin antwortet:

„Das Leben, das du suchst, wirst du doch nicht schauen.
Als die Götter die Menschen schufen,
haben sie den Menschen den Tod auferlegt,
das Leben aber in ihren Händen behalten.“

Um dieses Los der Menschen zu illustrieren, schildert uns die *Adapa-Legende* das Schicksal des Urmenschen: *Adapa*, der Urmensch, ist aus der Hand Eas hervorgegangen und besitzt die Fähigkeit, „in das Innere des Himmels zu schauen“. Nur eins fehlt ihm zu seinen hohen geistigen Vorzügen: das ewige Leben.

„Weisheit gab er (Ea) ihm,
ewiges Leben aber gab er ihm nicht.“

Wir sehen, daß Adapa, anders als der tierähnliche Eabani, schon eine höhere Entwicklungsstufe des Menschen einnimmt. Doch wollen wir die Adapa-Legende weiter erzählen:

In Eridu waltet Adapa als Priester seines Amtes. Er ist der Hüter von Eridu, der den Riegel vor Eridu hält. Mit den Bäckern von Eridu übt er das Bäckeramt aus; mit seiner reinen Hand versorgt er für das Heiligtum *Esagila* „die Schüssel, keine Schüssel wird ohne ihn zubereitet“. Zu diesem Zweck fährt er täglich mit seinem Schiff zum Fischfang hinaus auf das Meer. Wenn Ea sich auf seinem Lager ausstreckt, verläßt Adapa Eridu und geht während der Nacht an seine Arbeit.

Als Adapa sich eines Tages wieder auf den Fischfang hinaus aufs Meer begibt, erhebt sich bei spiegelglatter See der Südwind plötzlich mit solcher Heftigkeit, daß das Schiff umschlägt und Adapa ins Meer sinkt. Darüber gerät Adapa derart in Zorn, daß er dem Südwind die Flügel zerbricht. Der Südwind kann deshalb sieben Tage lang nicht über das Land wehen. Als der oberste Gott Anu von dieser Schandtat hört, läßt er den Adapa durch einen Boten vor sich zur Rechenschaft fordern. Adapas Schöpfer Ea gibt seinem Geschöpf nun Verhaltensmaßregeln. Er rät Adapa, was er bei seiner Ankunft in der Götterhalle zu tun und zu sagen habe: Zunächst solle er Trauergewand anlegen, um dadurch das Mitleid der beiden göttlichen Torwächter zu erregen, damit sie bei Anu für ihn Fürsprache einlegen. Dann,

„... wenn du vor Anu hintrittst,
wird man dir Speise (Brot) des Todes hinhalten;
iß (sie) nicht. Wird man dir Wasser des Todes hinhalten;
trink (es) nicht! Wird man dir ein Gewand hinhalten;
zieh (es) an! Wird man dir Öl hinhalten, salbe dich (damit)!"

Mit dieser väterlichen Weisung ausgerüstet, steigt Adapa mit dem Götterboten zum Anuhimmel hinauf. Als er sich dem Tor der Götterhalle naht, trifft er die beiden Wächter Tammuz und Giszida, die sich über seine Trauertuchbekleidung wundern. Dann steht Adapa vor Anu, der ihn anherrscht:

„Wohlan, Adapa! Warum hast du des Südwinds Flügel zerbrochen? Adapa antwortet dem Anu: Mein Herr! Für das Haus meines Herrn inmitten des Meeres fing ich Fische. Da das Meer einem Spiegel glich, wehte der Südwind daher und tauchte mich unter, ... Im Zorn meines Herzens (zerbrach ich des Südwinds Flügel)."

Anu ist über diesen Übermut Adapas in höchstem Grad aufgebracht und schleudert ihm das Wort entgegen: „Kein Erbarmen!" Da legen die Torwächter bei Anu gute Worte ein. Dadurch beruhigt sich Anu und wird zugleich so umgewandelt, daß er Adapa in seiner göttlichen Milde zu den sowieso schon großen geistigen Vorzügen ewiges Leben schenken will:

„Warum hat Ea einem unholden Menschen
des Himmels und der Erde Inneres offenbart,
ihn ansehnlich gemacht, ihm einen Namen gemacht?
Wir, was sollen wir ihm machen?"

Dann befiehlt Anu:

„... Speise (Brot) des Lebens
holt ihm, daß er (sie) esse!"

Doch als man Adapa die Lebensspeise bringt, ißt er sie nicht, auch trinkt er das Lebenswasser nicht. Doch er bekleidet sich mit dem dargereichten Gewand, und mit dem Öl salbt er sich. Über dieses Verhalten erstaunt, fragt Anu:

„Warum hast du nicht gegessen, nicht getrunken,
so daß du (auch) nicht lange leben wirst?"

Adapa antwortet:

„Ea, mein Herr,
befahl: Iß nicht (und) trink nicht!"

Darauf befiehlt Anu, den Adapa wieder zur Erde zurückzubringen...

Wir sind nun am Ende unseres Besuches bei den Babyloniern angelangt, die sich von ihrem Ursprung her sehr belastet glauben. Denn der Gott Ea hat den Menschen ja aus dem Blut des schuldigen Gottes der chaotischen Kräfte erschaffen. In den Adern des Menschen fließt zwar göttliches, aber verdorbenes, mit Schuld und Tod belastetes Blut. Die Götter haben Sünde und Tod in die Welt losgelassen, durch die Götter ist das Böse in die Welt gekommen. – Die Götter sind keine makellosen Wesen, die man den schuldigen Menschen gegenüberstellen könnte. Die Götter stehen nicht abseits der Welt des Menschen, denn die Welt bildet ein Ganzes.

Gott und seine Schöpfung

Die Bibel

Das Alte Testament der Bibel stellt uns mehrere Texte über die Entstehung der Welt und das schöpferische Wirken des Gottes Jahwe vor.

Die *Priesterschaft* des Buches *Genesis* – d.h. *Entstehung* – stammt aus der Exil-Zeit um 550 v. Chr. In ihrer Endfassung liegt sie erst in der nachexilischen Zeit des Volkes Israel – zwischen 538 und 450 v.Chr. – vor. Sie gilt als die jüngste Quelle des Buches Genesis, die jedoch auch sehr alte Überlieferungen verarbeitet hat. *P. Morant* erklärt uns: „Die erste Schöpfungserzählung... wird der Priesterschrift zugesprochen, deren Eigenart es ist, alles theologisch von Gott her zu sehen, seine Offenbarungen und Entschlüsse, seine Ordnungen und Gesetze schematisch, schlicht, sogar eintönig darzustellen, ohne viel auf den Menschen und seine Problematik zu achten. Ihr ganzes Interesse konzentriert sich auf die majestätischen Herrschaftsakte Gottes, durch die er Ordnung in der Welt schafft und in steigendem Maße das Heil des Gottesvolkes anstrebt" (S. 16).

Die Priesterschaft spricht im Buch Genesis 1, 1–2, 4a vom Urchaos, der Schaffung des Lichts, der des Himmels durch die Trennung der Wasser, der Scheidung von Erde und Meer und schließlich von der Erschaffung des Pflanzenreiches, der Gestirne, der Wasser- und Landtiere und des Menschen. In sechs Schritten – in sechs Tagen – habe Jahwe sein Schöpfungswerk vollbracht, es gutgeheißen und dann den siebten Tag als Ruhetag gesegnet und geheiligt:

„Im Anfang schuf Gott Himmel und Erde; die Erde aber war wüst und wirr. Finsternis lag über der Urflut, und Gottes Geist schwebte über dem Wasser.

Gott sprach: Es werde Licht. Und es wurde Licht. Gott sah, daß das Licht gut war. Gott schied das Licht von der Finsternis, und Gott nannte das Licht Tag, und die Finsternis nannte er Nacht. Es wurde Abend, und es wurde Morgen: erster Tag.

Dann sprach Gott: Ein Gewölbe entstehe mitten im Wasser und scheide Wasser von Wasser. Gott machte also das Gewölbe und schied das Wasser unterhalb des Gewölbes vom Wasser oberhalb des Gewölbes. So geschah es, und Gott nannte das Gewölbe Himmel. Es wurde Abend, und es wurde Morgen: zweiter Tag.

Dann sprach Gott: Das Wasser unterhalb des Himmels sammle sich an einem Ort, damit das Trockene sichtbar werde. So geschah es. Das Trockene nannte Gott Land, und das angesammelte Wasser nannte er Meer. Gott sah, daß es gut war.

Dann sprach Gott: Das Land lasse junges Grün wachsen, alle Arten von Pflanzen, die Samen tragen, und von Bäumen, die auf der Erde Früchte bringen mit ihrem Samen darin. So geschah es. Das Land brachte junges Grün hervor, alle Arten von Pflanzen, die Samen tragen, alle Arten von Bäumen, die Früchte bringen mit ihrem Samen darin. Gott sah, daß es gut war. Es wurde Abend, und es wurde Morgen: dritter Tag.

Dann sprach Gott: Lichter sollen am Himmelsgewölbe sein, um Tag und Nacht zu scheiden. Sie sollen Zeichen sein und zur Bestimmung von Festzeiten, von Tagen und Jahren dienen; sie sollen Lichter am Himmelsgewölbe sein, die über die Erde hin leuchten. So geschah es. Gott machte die beiden großen Lichter, das größere, das über den Tag herrscht, das kleinere, das über die Nacht herrscht, auch die Sterne. Gott setzte die Lichter an das Himmelsgewölbe, damit sie über die Erde hin leuchten, über Tag und Nacht herrschen und das Licht von der Finsternis scheiden. Gott sah, daß es gut war. Es wurde Abend, und es wurde Morgen: vierter Tag.

Dann sprach Gott: Das Wasser wimmle von lebendigen Wesen, und Vögel sollen über dem Land am Himmelsgewölbe dahinfliegen. Gott schuf alle Arten von großen Seetieren und anderen Lebewesen, von denen das Wasser wimmelt, und alle Arten von gefiederten Vögeln. Gott sah, daß es gut war. Gott segnete sie und sprach: Seid fruchtbar und vermehrt euch, und bevölkert das Wasser im Meer, und die Vögel sollen sich auf dem Land vermehren. Es wurde Abend, und es wurde Morgen: fünfter Tag.

Dann sprach Gott: Das Land bringe alle Arten von lebendigen Wesen hervor, von Vieh, von Kriechtieren und von Tieren des Feldes. So geschah es. Gott machte alle Arten von Tieren des Feldes, alle

Arten von Vieh und alle Arten von Kriechtieren auf dem Erdboden. Gott sah, daß es gut war. Dann sprach Gott: Laßt uns Menschen machen als unser Abbild, uns ähnlich. Sie sollen herrschen über die Fische des Meeres, über die Vögel des Himmels, über das Vieh, über die ganze Erde und über alle Kriechtiere auf dem Land. Gott schuf also den Menschen als sein Abbild: als Abbild Gottes schuf er ihn. Als Mann und Frau schuf er sie. Gott segnete sie, und Gott sprach zu ihnen: Seid fruchtbar, und vermehrt euch, bevölkert die Erde, unterwerft sie euch, und herrscht über die Fische des Meeres, über die Vögel des Himmels und über alle Tiere, die sich auf dem Land regen. Dann sprach Gott: Hiermit übergebe ich euch alle Pflanzen auf der ganzen Erde, die Samen tragen, und alle Bäume mit samenhaltigen Früchten. Euch sollen sie zur Nahrung dienen. Allen Tieren des Feldes, allen Vögeln des Himmels und allem, was sich auf der Erde regt, was Lebensatem in sich hat, gebe ich alle grünen Pflanzen zur Nahrung. So geschah es. Gott sah alles an, was er gemacht hatte: Es war sehr gut. Es wurde Abend, und es wurde Morgen: der sechste Tag.

So wurden Himmel und Erde vollendet und ihr ganzes Gefüge. Am siebten Tag vollendete Gott das Werk, das er geschaffen hatte, und er ruhte am siebten Tag, nachdem er sein ganzes Werk vollbracht hatte. Und Gott segnete den siebten Tag und erklärte ihn für heilig; denn an ihm ruhte Gott, nachdem er das ganze Werk der Schöpfung vollendet hatte.

Das ist die Entstehungsgeschichte von Himmel und Erde, als sie erschaffen wurden.“

Auch der Psalm 104 scheint ziemlich spät – in der zweiten Hälfte des ersten Jahrtausends v. Chr. – entstanden zu sein. Er feiert die Vorsehung und schöpferische Tätigkeit Jahwes und die Entstehung des Weltalls mit dessen verschiedenen Bereichen: dem Luftraum, der Erde, dem Meer, den Flüssen und dem Regen, den Pflanzen, Bäumen und Bergen, den Gestirnen, dem Tag, der Nacht und den Tieren des Wassers:

„Lob den Herrn, meine Seele! / Herr, mein Gott, wie groß bist du! / Du bist mit Hoheit und Pracht bekleidet.

Du hüllst dich in Licht wie in ein Kleid, / du spannst den Himmel aus wie ein Zelt.

Du verankerst die Balken deiner Wohnung im Wasser. / Du

nimmst dir die Wolken zum Wagen, / du fährst einher auf den Flügeln des Sturmes.

Du machst dir die Winde zu Boten / und lodernde Feuer zu deinen Dienern.

Du hast die Erde auf Pfeiler gegründet; / in alle Ewigkeit wird sie nicht wanken.

Einst hat die Urflut sie bedeckt wie ein Kleid, / die Wasser standen über den Bergen.

Sie wichen vor deinem Drohen zurück, / sie flohen vor der Stimme deines Donners.

Da erhoben sich Berge und senkten sich Täler / an den Ort, den du für sie bestimmt hast.

Du hast den Wassern eine Grenze gesetzt, / die dürfen sie nicht überschreiten; / nie wieder sollen sie die Erde bedecken.

Du läßt die Quellen hervorsprudeln in den Tälern, / sie eilen zwischen den Bergen dahin.

Allen Tieren des Feldes spenden sie Trank, / die Wildesel stillen ihren Durst daraus.

An den Ufern wohnen die Vögel des Himmels, / aus den Zweigen erklingt ihr Gesang.

Du tränkst die Berge aus deinen Kammern, / aus deinen Wolken wird die Erde satt.

Du läßt Gras wachsen für das Vieh, / auch Pflanzen für den Menschen, die er anbaut,

damit er Brot gewinnt von der Erde / und Wein, der das Herz des Menschen erfreut,

damit sein Gesicht von Öl erglänzt / und Brot das Menschenherz stärkt.

Die Bäume des Herrn trinken sich satt, / die Zedern des Libanon, die er gepflanzt hat.

In ihnen bauen die Vögel ihr Nest, / auf den Zypressen nistet der Storch.

Die hohen Berge gehören dem Steinbock, / dem Klippdachs bieten die Felsen Zuflucht.

Du hast den Mond gemacht als Maß für die Zeiten, / die Sonne weiß, wann sie untergeht.

Du sendest Finsternis, und es wird Nacht, / dann regen sich alle Tiere des Waldes.

Die jungen Löwen brüllen nach Beute, / sie verlangen von Gott ihre Nahrung.

Strahlt die Sonne dann auf, so schleichen sie heim / und lagern sich in ihren Verstecken.

Nun geht der Mensch hinaus an sein Tagwerk, / an seine Arbeit bis zum Abend.

Herr, wie zahlreich sind deine Werke! / Mit Weisheit hast du sie alle gemacht, / die Erde ist voll von deinen Geschöpfen.

Da ist das Meer, so groß und weit, / darin ein Gewimmel ohne Zahl: kleine und große Tiere.

Dort ziehen die Schiffe dahin, / auch der Leviátan, den du geformt hast, um mit ihm zu spielen.

Sie alle warten auf dich, / daß du ihnen Speise gibst zur rechten Zeit.

Gibst du ihnen, dann sammeln sie ein; / öffnest du deine Hand, werden sie satt an Gutem.

Verbirgst du dein Gesicht, sind sie verstört; / nimmst du ihnen den Atem, so schwinden sie hin / und kehren zurück zum Staub der Erde.

Sendest du deinen Geist, so werden sie alle erschaffen, / und du erneuerst das Antlitz der Erde.

Ewig währe die Herrlichkeit des Herrn; / der Herr freue sich seiner Werke.

Er blickt auf die Erde, und sie erbebt; / er rührt die Berge an, und sie rauchen.

Ich will dem Herrn singen, solange ich lebe, / will meinem Gott spielen, solange ich da bin.

Möge ihm mein Dichten gefallen. / Ich will mich freuen am Herrn.

Doch die Sünder sollen von der Erde verschwinden, / und es sollen keine Frevler mehr dasein. / Lobe den Herrn, meine Seele! / Halleluja!“

Die Endfassung des Buches Ijob stammt aus der Mitte des fünften Jahrhunderts v. Chr. In der Rede Jahwes im Kapitel 38,1–40,2 vermischen sich lobpreisende Beschreibung der Schöpfung Gottes und Aussagen über seine Vorsehung. Der Text erwähnt die von Gott erschaffenen Elemente und Lebewesen Erde, Meer und Tag; Abgrundflut, Licht und die oberen Wasser; Gestirne, Gewitter und Regen; die wilden Tiere, Raben und Wild; Wildesel, Wildstier und Straußvögel; Pferde und Raubvögel. Die zweite Rede Jahwes im Kapitel 40,6–41,26 nennt das Nilpferd und das Krokodil.

Der Schöpfungsbericht des *Jahwisten* in Genesis 2,4b–25 befaßt sich hauptsächlich mit der Erschaffung des Menschen und den Anfängen der Menschheitsgeschichte. Die Fachleute schreiben diesen Bericht einer Überlieferung zu, die im Südreich Juda beheimatet gewesen sei und sich während der Herrschaft des Königs *Salomo* – vermutlich etwa 965 bis 926 v. Chr. – gebildet habe. Der Bericht beschreibt Anfangswüste und Anfangsgründe, den ersten Garten und die Erschaffung der Tiere. Den Menschen habe Jahwe aus Staub vom Erdboden gebildet, in seine Nase den Lebenshauch geblasen und ihn so zu einem lebendigen Wesen gemacht. Schließlich schildert der Text die Erschaffung der Frau aus einer Rippe des Mannes und beschreibt den menschlichen Urzustand:

„Zur Zeit, als Gott, der Herr, Erde und Himmel machte, gab es auf der Erde noch keine Feldsträucher und wuchsen noch keine Feldpflanzen; denn Gott, der Herr, hatte es auf die Erde noch nicht regnen lassen, und es gab noch keinen Menschen, der den Ackerboden bestellte; aber Feuchtigkeit stieg aus der Erde auf und tränkte die ganze Fläche des Ackerbodens.

Da formte Gott, der Herr, den Menschen aus Erde vom Ackerboden und blies in seine Nase den Lebensatem. So wurde der Mensch zu einem lebendigen Wesen.

Dann legte Gott, der Herr, in Eden, im Osten, einen Garten an und setzte dorthin den Menschen, den er geformt hatte. Gott, der Herr, ließ aus dem Ackerboden allerlei Bäume wachsen, verlockend anzusehen und mit köstlichen Früchten, in der Mitte des Gartens aber den Baum des Lebens und den Baum der Erkenntnis von Gut und Böse.

Ein Strom entspringt in Eden, der den Garten bewässert; dort teilt er sich und wird zu vier Hauptflüssen. Der eine heißt Pischon; er ist es, der das ganze Land Hawila umfließt, wo es Gold gibt. Das Gold jenes Landes ist gut; dort gibt es auch Bdelliumharz und Karneolsteine. Der zweite Strom heißt Gihon; er ist es, der das ganze Land Kusch umfließt. Der dritte Strom heißt Tigris; er ist es, der östlich an Assur vorbeifließt. Der vierte Strom ist der Eufrat.

Gott, der Herr, nahm also den Menschen und setzte ihn in den Garten von Eden, damit er ihn bebaue und hüte. Dann gebot Gott, der Herr, dem Menschen: Von allen Bäumen des Gartens darfst du essen, doch vom Baum der Erkenntnis von Gut und Böse darfst du nicht essen; denn sobald du davon ißt, wirst du sterben.

Dann sprach Gott, der Herr: Es ist nicht gut, daß der Mensch allein bleibt. Ich will ihm eine Hilfe machen, die ihm entspricht.

Gott, der Herr, formte aus dem Ackerboden alle Tiere des Feldes und alle Vögel des Himmels und führte sie dem Menschen zu, um zu sehen, wie er sie benennen würde. Und wie der Mensch jedes lebendige Wesen benannte, so sollte es heißen. Der Mensch gab Namen allem Vieh, den Vögeln des Himmels und allen Tieren des Feldes. Aber eine Hilfe, die dem Menschen entsprach, fand er nicht.

Da ließ Gott, der Herr, einen tiefen Schlaf auf den Menschen fallen, so daß er einschlief, nahm eine seiner Rippen und verschloß ihre Stelle mit Fleisch. Gott, der Herr, baute aus der Rippe, die er vom Menschen genommen hatte, eine Frau und führte sie dem Menschen zu. Und der Mensch sprach:

Das endlich ist Bein von meinem Bein / und Fleisch von meinem Fleisch. / Frau soll sie heißen; / denn vom Mann ist sie genommen.

Darum verläßt der Mann Vater und Mutter und bindet sich an seine Frau, und sie werden ein *Fleisch. Beide, Adam und seine Frau, waren nackt, aber sie schämten sich nicht voreinander.*"

Die Bibel stellt in verschiedenen Texten den Kosmos wie ein ungefähres Abbild eines Wohnhauses dar: In der Unterwelt – ähnlich einem unterirdischen Vorratsraum – halten sich die Seelen der Verstorbenen auf. Dieser Ort heißt *Scheol.* Dort herrscht Dunkelheit. Die Bücher *Jesaja* und Ijob beschreiben die Verstorbenen als „wesenlosen Schatten gleich", die laut Psalm 88 im Land des Vergessens ein freudloses Dasein fristen. Das Buch *Prediger* erzählt, dort hätten Wirken und Denken, Wissenschaft und Weisheit ein Ende. Laut Psalm 139 und dem Buch *Amos* ertönt in der Unterwelt kein Gotteslob. Dennoch ist – so Psalm 139 und das Buch Amos – Gott in den Tiefen der Unterwelt ebenso gegenwärtig wie in den Höhen des Himmels. Das 1. Buch *Samuel* erklärt, die Toten besäßen ein höheres Wissen als die Lebenden. Daher versuche man, sie zu beschwören, um von ihnen verborgene Ereignisse zu erfahren.

Zunächst versteht man die Scheol nicht als Ort der Vergeltung. Erst in späteren Schriften des Alten Testamentes taucht der Auferstehungsgedanke und die Vorstellung von einer Vergeltung nach dem Tod auf. Dann unterscheidet man drei Arten von Toten: Die Bücher *Judit* und *Jesus Sirach* lassen die Gottlosen vom Feuer und Wurm zerfressen werden; das Buch der

Weisheit erwähnt die Unterwelt als den vorläufigen Standort der Gottlosen und den Ort ihrer endgültigen Qual nach Auferstehung und Gericht. Die Gerechten, die jedoch nicht vollkommene Treue gezeigt haben, werden in der Unterwelt geläutert; im 2. Buch Makkabäus werden für sie Opfer dargebracht. Schließlich sind die Heiligen die Reinen, die – so das Buch der *Weisheit* – in Ewigkeit leben und die Krone der Herrlichkeit erwarten.

Die Erde ist vor allem Wohnstätte des Menschen. Man glaubt, sie sei als viereckige Scheibe vom Meer umgeben, sie schwimme auf dem Wasser, sei aber durch Pfeiler befestigt. Das Land der Israeliten gilt als Mittelpunkt der Erde, über der sich das Himmelsgewölbe, auf den Säulen des Himmels ruhend und auf dem himmlischen Fundament befestigt, spannt. Die Gestirne sind an das Himmelsgewölbe geheftet. Darüber liegt der himmlische Ozean, aus dem die Sintflut hervorgeströmt ist.

Gott wohnt in der Oberwelt, in der sein Zelt, sein Palast und sein Thron stehen. Im Himmel wohnen auch die Engel und heiligen Menschen, die Gott schauen und im Frieden Gottes ewiges Leben genießen werden.

Ein Gang durch die biblischen Schöpfungsberichte läßt uns die Vorstellungen vom Wesen des Schöpfergottes und der Erschaffung der Welt und des Menschen zusammenfassen:

Das Weltall besteht nicht von Ewigkeit her, es verdankt sein Dasein einem Schöpfer, einer Ursache, die sich von ihm unterscheidet und in ihrer Wirkung nicht von ihm abhängig ist. Das Weltall fließt auch nicht aus dem Wesen des Schöpfers aus, es ist mit ihm in keiner Weise grundsätzlich wesensgleich.

Der Schöpfer ist allein am Werk, er hat die Welt ohne die Mitwirkung anderer Gottheiten oder Wesen erschaffen. Und er ist es, der den Lauf der Welt weiterhin lenkt und überwacht.

Indem er jedem Wesen einen Namen gibt, bestimmt der Schöpfer das Wesen und die Rolle der verschiedenen Geschöpfe. Er bestimmt auch die Beschaffenheit der Natur, mit dem Ziel, in ihr das Leben des Menschen zu ermöglichen und zu fördern. Die Ordnung der Welt trägt das Leben des Menschen. Gott der Schöpfer wacht über diese Ordnung, er lenkt den Gang des Weltalls und bestimmt den Lebenslauf des Menschen.

Die Texte beschreiben die Art der schöpferischen Tätigkeit Gottes auf unterschiedliche Weise. Im Bericht des Jahwisten geht Gott nach sehr menschlicher Weise vor, „legt sozusagen persönlich Hand an. Wie ein Brunnengräber läßt er Wasser aus der Erde emporsteigen, wie ein Gärtner legt er einen Garten mit Bäumen an; er ist als Töpfer tätig, wenn er den Leib des Menschen und später den Leib von dessen Gefährten, der Tiere, aus Lehm bildet. Dann haucht er diesen Leibern den Lebensatem in die Nase, wodurch sie zu lebenden Wesen werden. Der menschlichen Tätigkeit entlehnte Bilder finden wir auch an anderen Stellen des Alten Testaments, sogar in jüngeren biblischen Werken, deren poetischer Charakter sehr deutlich ist."

In der Priesterschrift wirkt Gott der Schöpfer durch das Aussprechen seines schöpferischen Wortes. Er spricht nur – und alles ist, alles nimmt Gestalt an, wie Gott es geplant hat.

Die geschaffenen Wesen entsprechen also dem Plan und dem Willen Gottes. Sie sind imstande, die ihnen vom Schöpfer zugedachte und zugewiesene Rolle in der kosmischen Ordnung zu erfüllen. So werden sie auch als „gut" bezeichnet. Gott, der alleinige Schöpfer, ist das alleinige Prinzip des Guten. Neben ihm steht kein weiteres Prinzip, auch kein Prinzip des Bösen.

In der Schöpfung und in der kosmischen Ordnung nimmt der Mensch eine besondere Stellung ein: Er ist sozusagen der Pächter Gottes. Gott überantwortet dem Menschen seine Schöpfung, und die Tiere sind die Gefährten des Menschen.

Aber die eigentliche Vervollkommung des Menschen in seiner Beschaffenheit als Geschöpf Gottes, das mit einer besonderen Aufgabe betraut ist, ist noch nicht abgeschlossen: Erst mit der Erschaffung der Frau findet das menschliche Leben seine vollkommene Gestalt – im Zusammenleben und Zusammenwirken von Mann und Frau.

Die Botschaft der Schöpfungsmythen

Wie jeder Reisende nach seiner Fahrt in fremde Gegenden Rückschau hält, die Ereignisse ordnet und seine Eindrücke verarbeitet, wollen auch wir nun nach unserer Reise durch die Welt der Schöpfungsmythen nicht einfach zum Tagesgeschäft übergehen. Wir wollen unsere Erfahrungen auswerten, Gemeinsames herausstellen und Einmaliges festhalten.

Erschaffung der Welt und des Menschen

Alle Mythen haben uns von einem Urzustand vor der Schöpfung erzählt. Der Urzustand meint immer das Urchaos, die Urflut, das Urwasser, die Unordnung – ein formloser, ungestalteter Feind und Verschlinger der Gestalten.

Nun tritt eine Schöpfergestalt auf, aus dem Chaos einen Kosmos, eine geordnete Welt zu schaffen. Der Schöpfer nimmt den Kampf gegen das Chaos auf, das sich im Drachen, der Schlange oder dem Meeresungeheuer verkörpern kann. Schließlich siegt der Schöpfer über die schöpfungsfeindliche Macht.

Die Art und Weise der Weltentstehung vollzieht sich in der Zerstückelung des Wasserdrachens oder der Flutschlange. Auch trennt die Schöpfergestalt bisweilen die Elemente aus der Ureinheit heraus, bisweilen holt sie die Erde aus dem Meeresgrund herauf. Hier und da entsteht die Welt durch einen Ausfluß – durch Emanation – aus dem göttlichen Ureinen, manchmal aufgrund eines geistigen Akts des Schöpfers: Sein Denken oder Wünschen, sein Wort, sein Gesang oder Tanz erschafft die Welt. Nicht überall ist der Schöpfer also auf greifbaren Baustoff angewiesen. Er vermag auch, aus dem Nichts zu schaffen.

Vollstrecker der Schöpfung ist hier ein Schöpfer allein, dort der Schöpfer und sein Helfer oder ein Widersacher, der eine ständige Spannung zwischen Chaos und Kosmos verursacht. Mitunter begnügt sich der Schöpfer damit, mit der Welt einen Anfang zu machen und die Entfaltung der Schöpfung anderen Gottheiten oder gar der Verantwortung der Menschen zu überlassen.

Die Weisen der Erschaffung des Menschen lassen sich zu Gruppen ordnen:

Der Schöpfergott geht als Handwerker vor. Er geht an die Arbeit, aus einem vorgegebenen Stoff, der im allgemeinen in der schon vorhandenen und ausgestatteten Welt vorkommt, den oder die Menschen zu erschaffen. Der Schöpfer ist dann der Bildner, der die benutzte Masse zu einer Figur bildet, sie dann beseelt und ins Leben ruft. – Hierhin gehören auch die Erzählungen, die den Menschen aus Pflanzen, Früchten oder durch die Verwandlung von Tieren entstehen lassen. Der Mythos verdeutlicht das Motiv näher: Der Schöpfer werkt als Schmied, Gießer, Töpfer oder Lehmformer.

Oft beseelt der Schöpfer den Menschen, indem er ihm seinen Atem einbläst. Auch der göttliche Tanz hilft, die Geschöpfe lebendig zu machen.

Manchmal verwendet der Schöpfer bei der Erschaffung des Menschen sein göttliches Blut. So kommt der Doppelcharakter des Menschen zutage: ein Geschöpf aus Erde, aber vermischt mit göttlichem Blut – ein Geschöpf, das mit den Göttern verwandt ist. Die Blutsverwandtschaft des Menschen mit der Gottheit ist dann in der Bezeichnung des Schöpfers als Vater gekennzeichnet.

Bisweilen ermöglicht das Uropfer einer schuldigen Gottheit die Entstehung des Menschen, jedoch des Menschen mit schuldigem Blut. Verwandt mit diesem Motiv ist die Anschauung von der Zeugung des Menschen durch die Götter oder den Schöpfergott, jedoch ohne die mitgegebene Schuldhaftigkeit.

Bringt die Bezeichnung des Menschen als Kind Gottes noch klar eine Verwandtschaft zwischen Gott und Mensch zum Ausdruck, so kehrt diese Vorstellung in der Annahme, der Mensch sei nach dem Bild Gottes erschaffen worden, in abgeschwächter Form wieder.

Die vergeistigte Auffassung von der Menschenerschaffung läßt den Menschen aus dem Nichts erstehen, durch das Wort, die innere Sammlung des Schöpfers oder die innere Glut der Enthaltung.

Viele Schöpfungsmythen erzählen zunächst von der Erschaffung des Mannes. Dann wird ihm eine Gefährtin zur Seite gestellt. Aus diesem Menschenpaar entstehen dann die ersten Menschen und die nachfolgenden Generationen. In manchen Mythen aber fehlt die Auskunft über die Erschaffung der Frau, andere erzählen von der gleichzeitigen Entstehung der Geschlechter. Schließlich lassen einige Vorstellungen die Menschen bereits als Gemeinschaft geschaffen werden oder sogar als ganze Rassen oder Völkerschaften.

Zu dem Grund, aus dem der Schöpfer den Menschen erschafft, machen die Mythen verschiedene Angaben: Gott leidet unter Einsamkeit und sucht die Gesellschaft der Menschen, die ihm dienen sollen. Ähnlich kann der Schöpfer auch Mitgefühl mit der Einsamkeit oder Hilflosigkeit des ersten Mannes empfinden, und ihm deshalb eine Frau beigesellen. Der germanische Mythos enthält eine interessante Bemerkung: Die Erde solle von den Menschen bebaut und bewohnt werden, damit die Götter am menschlichen Treiben, Ringen und Streben, Blühen und Gedeihen Freude hätten. – Schließlich kann der Grund und Sinn des menschlichen Daseins allein im Dienst an den Göttern durch Opfer und Kult liegen.

Paradies und bedrohte Welt

Die meisten Urstandsmythen wissen von einer Zeit zu berichten, in der die Welt harmonisch und ohne Störung funktionierte. Damals habe der Mensch ein glückliches Leben geführt. Das ist die paradiesische Zeit, das Heil. Dennoch bleibt dieser Zustand durch die Spannung zwischen den Kräften – in welcher Form auch immer – und der Vorsehung des Schöpfergottes bedroht.

Nicht alle Mythen berichten von einem besonderen Ort, an dem der Urmensch gelebt habe. Die meisten Völker stellen sich den Wohnort des Urahnen als einen ihrer Heimat ähnlichen Ort vor. Manche Überlieferungen beschreiben diesen Ort jedoch in einer Weise, die uns an ein Paradies erinnert. Das Paradies ist dann ein Stück Erde, in dem die heile Welt ihren ungestörten Lauf nimmt und der Mensch glücklich lebt. Der babylonische

Mythos vom Paradies erzählt in eindringlicher Art vom Land *Tilmun*, auf dem das göttliche Urpaar Enki und seine Gemahlin, *die reine Jungfrau*, schlafen. Tilmun ist das jungfräuliche, reine Land:

„In Tilmun krächzt kein Rabe,
der Vogel ittidu singt nicht den Ruf des Vogels ittidu,
der Löwe tötet nicht,
der Wolf raubt nicht das Lamm,
der wilde Hund, Verschlinger der Lämmer, ist nicht...
das kranke Auge sagt nicht: Mir tut das Auge weh,
der kranke Kopf sagt nicht: Mir tut der Kopf weh,
die alte Frau sagt nicht: Ich bin eine alte Frau,
der alte Mann sagt nicht: Ich bin ein alter Mann...“

Das Paradies kennt keine Gefährdung des Lebens: keinen Tod, keine reißenden Tiere, keine Krankheit, keine Altersschwäche. Ein Zustand des Friedens beherrscht den Ort, an dem der Mensch nach seiner Erschaffung gelebt hat – ein Zustand des Glückes, der Harmonie, der Fülle, kurz: ein Zustand des Heiles.

Die vielen Mythen, die uns von diesem paradiesischen Zustand berichten wollen, sind meist Ausdruck eines menschlichen Bedürfnisses: Die herrschende gesellschaftliche Ordnung im jeweiligen Land soll als Ergebnis einer göttlichen Einsetzung und Unterweisung ausgewiesen werden. Der heiligen Überlieferung, die den Bestand der Gesellschaft sichert, soll göttliche Autorität zugesprochen werden. Von daher rührt die Rolle, die der Mythos immer wieder einem göttlichen Kulturbringer zuschreibt, der die Menschen in der Urzeit zu einer Gemeinschaft zusammengefügt und sie zur richtigen Lebensweise angeleitet habe. Mit der Beschreibung der Tätigkeit des Kulturbringers soll die geltende soziale Ordnung auf das göttliche Wirken zurückgeführt und damit gerechtfertigt werden.

Urstandsmythen können jedoch auch eine Beschreibung der paradiesischen oder idealen Zeit als Kritik am jetzt bestehenden Zustand liefern. Dann bedeutet die Sehnsucht des Menschen nach dem idealen Zustand nicht mehr eine Rechtfertigung der gegenwärtigen, geltenden Ordnung, sondern im Gegenteil den

Wunsch nach ihrer Aufhebung, nach Reform unter der Maßgabe des ersehnten Ideals, nach paradiesischer Unschuld.

Die Mythen vom Paradies geben auch den starken Wunsch der Menschen nach ständigem Kontakt mit der Gottheit wieder. Die glückliche Zeit ist die Zeit, in der der Gott unter den Menschen weilte, ihr Leben teilte oder sogar – nach einer südamerikanischen Vorstellung – „so klein war" wie seine Geschöpfe.

Zeit der Ursprünge und Heilszeit der Gegenwart

Der Gläubige sucht durch den Kult das Heil des Kosmos und seines eigenen Lebens zu sichern. Die Nähe der Gottheit bedeutet ihm Teilhabe an der uneingeschränkten Wirklichkeit, die im Wesen und der Wirkung der Gottheit ihren Ausdruck findet. So strebt er im Kult danach, im Wirkungskreis der Gottheit zu stehen.

Die Wirkung des Gottes erscheint zur Urzeit der ersten Schöpfung in reiner Gestalt. In der göttlichen Wirkung der Schöpfung, die alles, die Welt und jedes Sein erschafft, zeigt Gott seine Allmacht, die Fülle seiner Kraft. *Mircea Eliade* meint deuten zu können, daß der Gott das Weltall aus seinem „Überschuß an ontologischer Substanz" erschaffe.

So ist die Sehnsucht des Gläubigen verständlich, die Urzeit der Schöpfung zu erreichen, wiederherzustellen, zu wiederholen und so gegen alle Widerwärtigkeiten des Lebens immer wieder Hoffnung hegen zu dürfen, neu anfangen zu können, zur Urquelle unverbrauchter Kraft gelangen zu können, um von dort aus eine neue Zukunft aufbauen zu können.

Diese Sehnsucht drückt sich in Abfassung, Überlieferung und im Verlesen der Schöpfungsmythen aus. Nicht aus Interesse an Dichtung verliest man einen Schöpfungsmythos, sondern als einen Teil von Riten, die Erneuerung, Erholung, Heilung des Kosmos und des menschlichen Lebens bezwecken.

Schöpfungs- und Urstandsmythen wollen die ursprüngliche Ordnung des Kosmos, des menschlichen Lebens und der Gesellschaft offenbaren und begründen. Sie wollen die Entstehung der Welt, ihre Einrichtung, ihren Ablauf nach bestimmten Gesetzen erklären. Sie wollen die Natur des Menschen und die Regeln erläutern, die sein Leben in der Gemeinschaft ordnen, so daß er lebensfähig und fortschrittsfähig bleibt. Endlich wollen sie die Vorgänge und Eigenschaften, die dem Menschen rätselhaft erscheinen, erhellen und über das menschliche Schicksal mit seinen dunklen Seiten, über seine Todesverfallenheit und seine Zukunft im Jenseits aufklären. – All diese Angaben des Mythos sollen dem Menschen zum Heil verhelfen.

Durch die Erklärung der Lebensgesetze und auch der Vorgänge, unter denen die Menschen leiden, verliert das bisher Unbekannte seine unheimliche Unheilskraft. Wenn der Mensch begreift, warum er sterben muß, hat er das Gefühl, wenigstens halbwegs die Schrecklichkeit dieses Loses schon überwunden zu haben. Wenn er versteht, daß eine Krankheit eine nur vorläufige Erscheinung sein kann, die zu beseitigen möglich ist, wenn er weiß, daß der Tod nicht das Ende von allem ist, sondern im Jenseits überwunden wird, büßen Leid und Sterben an furchteinflößender Ausstrahlung ein.

Dem Heil des Menschen dient auch die Zusicherung, daß Welt und Menschheit nicht einem unentrinnbaren Verschleiß und Verfall ausgesetzt sind, sondern Mittel und Wege das Werden und die Geschichte überwinden zu können: entweder durch ständige Wiederholung der heilen Urzeit oder durch eine Erneuerung an der Wurzel in der endzeitlichen Katastrophe. So läßt die beunruhigende Wirkung des erlebten Verfalls nach, die Hoffnung auf eine immer neue Zukunft kann wachsen.

Die ständige Erneuerung der Welt und des Menschenlebens durch regelmäßige Wiederherstellung der Urzeit geschieht mit Hilfe von Riten und Kulthandlungen, welche die Vorgänge der Anfangszeit und die Handlungen der Götter nachahmen.

Die Gläubigen können kein besseres und wirkungsvolleres Modell für ihr Verhalten haben als das Wirken der Götter in der Urzeit, zur Zeit der Weltschöpfung. Daher auch die außergewöhnliche Bedeutung der Schöpfungsmythen, die das kostbarste Glaubensgut der Menschen bilden.

Was die Götter im Anbeginn getan und geschaffen haben, gilt für die nachfolgenden Zeiten als Ausgangspunkt, Grundlage und uneingeschränkte Vorbedingung – als Richtlinie für das Tun und Verhalten des Gläubigen.

Auch die *relative Urzeit* einer Religion – die Zeit ihres Gründers oder Stifters – nimmt für die Anhänger einen Vorbildcharakter an. Die Geschichte des Stifters ist das beispielhafte

Vorbild für die Geschichte der Anhänger und ihrer Gemeinschaft. Der Vorbildcharakter erstreckt seine Wirkung nicht nur auf bestimmte Umstände, sondern auf alles, was die Glaubensbindung des Menschen an den Religionsstifter betrifft, nämlich auf alle wichtigen Ebenen des Lebens. Denn die religiöse Bindung beansprucht den Menschen in seiner Ganzheit, zumindest seine innere Einstellung. Gleich dem Verhalten gegenüber den Schöpfungsmythen versucht der Gläubige auch hier, eine Gleichzeitigkeit mit der schöpferischen Zeit der Religionsstiftung herzustellen. *Søren Kierkegaard* drückt diese Haltung hinsichtlich des Christentums in der Formel aus: „Gleichzeitig mit Jesus sein". – Das Heil der Vergangenheit soll sich auch in der Gegenwart und für die Zukunft vollziehen.

Die regelmäßige Wiederkehr ist ein Merkmal aller Bereiche der Natur und des menschlichen Lebens. Sie bedeutet für den Menschen die jeweilige Hoffnung, aus dem Vergehen, dem Tod, dem Verschleiß zu einem neuen Anfang gelangen zu können: Nach dem Tod kommt die Auferstehung, nach dem Verschleiß die Möglichkeit der Erneuerung. Die regelmäßige Wiederkehr bietet dem Gläubigen die Gelegenheit, zum Anfang zurückzukehren und den ursprünglichen Zustand der Dinge wiederherzustellen. Die Vergegenwärtigung der ursprünglichen Zeit macht die schöpferische Tätigkeit der Götter zeitgenössisch. Mit Riten und Festen in die Gegenwart versetzt, kann sie den erschöpften Dingen und Menschen neue Anstöße geben.

Doch auch eine Sehnsucht nach der Unordnung vor der Schöpfung kann im Menschen wach werden. Die Unordnung beinhaltet jedoch nicht nur Widerstand gegen Harmonie, Drohung und Kampf gegen das Gute. Durch Unordnung ist ja auch die Fülle der Möglichkeiten des Ausdrucks und der Gestaltung gekennzeichnet: Die Schöpfung ist noch nicht auf die Grundpfeiler ihrer Ordnung festgelegt, die schöpferische Kraft unterliegt noch keiner Lenkung, die Zukunft ist noch offen. – Sehnsucht nach der Unordnung vor der Schöpfung wünscht also nicht das zerstörerische Chaos herbei, sondern eine Fülle an Möglichkeiten der freien schöpferischen Handlung.

Die Sehnsucht nach der Unordnung ist ein Ausdruck der Angst vor der Zerstörung des Chaos. Denn wenn die bestehende Ordnung ihre Rolle als Grundlage und Bedingung der Möglichkeit des Lebens und des Fortschritts nicht mehr erfüllen kann, wenn sie erstarrt ist und nur hemmende Wirkung ausübt, wenn der Mensch seine Widerstandskraft gegen lähmende Gewohnheiten, fesselnde Bräuche oder gegen eine Ordnung verloren hat, die zum Mittel der Unfreiheit geworden ist, dann droht das Chaos noch einmal mit seiner Zerstörungskraft. Der ersehnte schöpferische Anfang soll aber nicht eine ganz andere Erneuerung, eine Revolution bringen, sondern nach dem Muster der erstmaligen Schöpfung vor sich gehen. – Das ist der Sinn der Auffassung von der ewigen Wiederkehr, von der regelmäßigen Zerstörung des ganzen Kosmos und des Menschen in der Sintflut oder der endzeitlichen Katastrophe und der darauffolgenden Erneuerung der Welt und der Menschheit.

Die Rückkehr zu den Ursprüngen der Religionsstiftung gibt die Sicherheit, dem Stifter treu zu bleiben. Sie verleiht die Kraft zu Reform und Erneuerung.

Wird die Gegenwart mit der schöpferischen, mustergültigen Urzeit verknüpft, kann die Geschichte als aufgehoben gelten: Die Zeit stellt sich mit der Ewigkeit gleich, die in der ewigen Geltung der ursprünglichen Muster greifbar wird. Das Jetzt ist nur Ausdruck der Ewigkeit.

Tradition und Fortschritt

Wenn die kultische Zeit eine Wiederkehr der Ursprungszeit darstellt, wenn der religiöse Mensch das urzeitliche Handeln der Götter als ein immer gültiges Muster versteht, dann stellt sich uns die Frage, wie sich diese Auffassung mit der Suche nach Fortschritt verträgt.

Die Wiederkehr der Ursprungszeit kann hemmend wirken, lähmen und als reaktionär empfunden werden. Der Glaube an die ewigen Muster kann Deckmantel der Angst vor dem Risiko sein, der Ablehnung von Verantwortung und des Heimwehs nach der behüteten Kindheit. Die eigentlich schöpferisch verstandene Ordnung kann als Mittel der Zementierung von Ungerechtigkeit, Unterdrückung und Trägheit mißbraucht werden – und dies im Namen der Gottheit. Ursache für dieses Mißverständnis kann die Verkennung des Unterschieds zwischen den greifbaren Formen des Brauchs und seines tiefen Sinns sein. Gedankliche Unbeweglichkeit oder Machtinteresse vermögen den ursprünglichen Sinngehalt des Kultes zu verschütten.

Doch der ordnungstiftende Brauch soll in seinem tiefen Sinn die chaotische Willkür in den Beziehungen der Menschen überwinden. Er soll von Anarchie befreien und so dem Menschen ermöglichen, das Leben zu sichern und zu fördern. Er soll dem Menschen die Überforderung abnehmen, in jedem Augenblick seines Lebens nach einem Verhaltensmodell suchen zu müssen: Ein traditionsfreies Leben mutet dem Menschen eine zu schwere Aufgabe zu.

Die Gewohnheit gibt dem Menschen die unentbehrliche Grundlage für die Entfaltung des Lebens. Müßte der Mensch immer wieder neue Modelle formen, wäre eine Entwicklung ausgeschlossen. Erst auf der Grundlage der Gewohnheit, des einmal übernommenen Musters, kann sich das Leben entfalten und der Fortschritt vorangetrieben werden, kurz: die Übersteigung der Gewohnheit möglich sein. Denn jede Tradition ist eine vorläufige Form des Ideals, das sich aber nicht in Vorläufigkeit erschöpft. Das Bestehende bietet den Rahmen zur Deutung der Gegenwart und zur Planung der Zukunft. Die Tradition der Gegenwart ist eine verlängerte oder bisweilen verbesserte Vergangenheit. So ist ohne die Grundlage der Gegenwart eine Zukunft nicht möglich.

Das ursprüngliche schöpferische Muster bleibt eine ständige Kritik am Bestehenden, ein Modell und Ziel. Denn der wie auch immer beschriebene Gott ist der Vollkommene, nicht als Begriff, sondern als Wirklichkeit. Er wirkt nicht bloß als Idealvorstellung auf das Handeln der Menschen, sondern ist eine fordernde Instanz, die das Streben des Menschen nach besseren Formen und gerechteren Verhältnissen unterstützt und anspornt.

Die persönlichen und gesellschaftlichen Auswirkungen der religiösen Erfahrung eines alles übersteigenden, vollkommenen Gottes, der sich dennoch in der Welt zeigt, können sich nur in halbwegs annehmbaren Aussagen niederschlagen, die Gegensätze in einer Einheit zu fassen suchen: Der in der religiösen Erfahrung der Menschen erlebte Gott ist

– der Gott der Propheten,
  aber auch der Gott der Weisen, ist
– der Gott, der zu Veränderungen auffordert,
  aber auch der Gott, der zur Ordnung aufruft,

- der Gott der Krisenzeiten,
  aber auch der Gott der Harmonie,
- der Gott des kritischen Bewußtseins,
  aber auch der Gott der Bewahrung und des Aufbaus,
- der Gott der engagierten Leidenschaft,
  aber auch der Gott der klärenden Weisheit,
- der Gott der Hoffnung, die nach Tätigkeit drängt,
  aber auch und vor allem der Gott der Liebe, die der Geduld fähig ist,
- der Gott des völlig Negativen, das ablehnt, korrigiert und kritisiert,
  aber auch der Gott des völlig positiven, der Erfüllung und des Guten.

So kann der erlebte Gott dem religiösen Menschen die stete Überwindung von Unfreiheit und die stete Ermöglichung und Entfaltung von Freiheit und Fortschritt bedeuten.

Religion ohne Mythos?

Der Mythos hat in der Vergangenheit eine lebensnotwendige Rolle gespielt. Heute spricht er uns wenig an, er hat an Wirkung verloren. Die Formen und Bilder, denen sich der Mythos bedient, stammen aus einer Welt, die nicht mehr unsere Welt ist, sie geben ein Weltbild wieder, das nicht mehr unser Weltbild ist.

Kann es sinnvoll sein, den Mythos als Bestandteil der Religion zu bewahren? Ist es nicht der Religion selbst dienlicher, sie von ihrer mythischen Bekleidung zu befreien?

So erhob auch der Theologe *Rudolf Bultmann* die *Entmythologisierung* des Neuen Testaments zu einem Programm der Bibeldeutung. Es geht dem Bemühen um Entmythologisierung darum, die Botschaft der Religion dem modernen Menschen besser verständlich zu machen, indem man sie von der zeitbedingten Form mythischer Anschauung befreit. Die lebenswichtige Bedeutung der religiösen Botschaft soll ohne Ablenkung durch die mythische Kulisse und Sprache vermittelt werden. Das ist ein Versuch, die Heilswahrheit des Glaubens aus der alten Hülle des Mythos herauszuschälen.

Auch wir fragen: Ist der Religion, die sich des mythischen Ausdrucks bedient, der Zugang zum Menschen unserer Zeit verstellt? Muß die Religion in ihrem eigenen Interesse entmythisiert werden?

Eine teilweise Entmythisierung ist wünschenswert und sogar notwendig, wenn der Mythos nicht mehr Ausdruck der Heilswahrheit ist, sondern die *ganze* Wirklichkeit erklären will: Ein Anspruch des Mythos auf Wissenschaftlichkeit muß von den Erkenntnissen und Formulierungen der technischen Wissenschaften, der Philosophie und Theologie beiseite geschoben werden.

Wenn die Ausdrucksformen des Mythos dem heutigen Menschen nicht mehr verständlich sein können, erhebt sich die berechtigte Forderung nach einem klareren Ausdruck der Heilswahrheit.

Eine teilweise Entmythisierung der Religion scheint also oft nützlich oder gar geboten zu sein. Doch die Forderung nach einer mythenlosen Religion wird der Sache der Religion nicht gerecht. Denn das uneingeschränkte, alles übersteigende Göttliche vermag der Mensch nicht mit den Mitteln der bloßen Vernunft zu erfassen und zu beschreiben. Der religiöse Mensch glaubt an einen Gott, der unsere Denkmöglichkeiten und technischen Mittel immer übersteigt. Der Mythos ist eine Hilfe, das Unvorstellbare wenigstens zu erahnen.

Wenn schon die Vernunft außerstande ist, das menschliche Leben in seiner Gesamtheit zu erfassen und zu beschreiben, so ist kaum zu erwarten, daß die Vernunft die Beziehung des Menschen zu einem Gott, dem er sein Leben und seine Zukunft überantwortet, darstellen kann. Eine völlige Entmythisierung würde einen Teil der menschlichen Bewußtseinsschichten und einen Teil der menschlichen Ausdrucksmöglichkeiten verächtlich machen. Vorstellungskraft und Gefühl, die Mühe um die Verinnerlichung von religiösen Erfahrungen würden damit vernachlässigt. Das mythenbildende Vermögen scheint ein Teil der seelischen Anlage des Menschen zu sein. Es hilft dann weiter, wenn die Mittel der Vernunft bestimmten Erfahrungen nicht mehr beikommen können.

Wenn nun der Mensch in seiner Beziehung zu Gott auf den Mythos nicht verzichten kann, in den alten Bildern des Mythos seine heutigen religiösen Erfahrungen aber nicht ausgedrückt sieht, stellt sich die Frage nach einer neuen, zeitgemäßen Bilderwelt des Mythos. Eine *Ummythisierung* enthielte den Einsatz neuer Bilder und Symbole, um so besser die religiöse Erfahrung vermitteln zu können. Fachleute könnten ans Werk gehen, um der Religion eine neue Sprache zu schaffen. Ob solch ein Verfahren Erfolg hätte, hinge von der Treffsicherheit der neuen Symbole ab, von ihrer Lebensnähe, ihrer Verbreitung und der Kraft ihres Inhalts.

Weil die Form des Mythos als Ausdrucksweise der Religion den tiefen Sinn des mythischen Gehalts nie ganz widerspiegeln kann, bleibt es eine ständige Aufgabe der Religionsphilosophie und Religionskritik, zu helfen, die Ausdrucksformen der Religion angemessen zu entmythisieren, die Orientierungshilfen der

Religion zu entideologisieren und die endzeitlichen Erwartungen der Heilsgeschichte und der Religion von dem Ruch des Wunschtraums zu befreien. Diese Hilfe wird nie ganz gelingen. Erst in der ersehnten Fülle der Vollendung braucht die Religion keinen Mythos mehr, braucht die Gesellschaft keine Ideologie mehr und braucht die Geschichte keine Utopie mehr.

Solange wir uns in der Geschichte befinden, bleibt der Anspruch des Mythos und der Religion erhalten, die Heilswahrheit auszusagen und deren Wirksamkeit den Menschen offenbar zu machen. Aber erst der Glaube vermag den Mythos in eine gültige Aussage über die Heilswahrheit zu verwandeln und deren Wirksamkeit anzuerkennen. Der religiöse Mensch besitzt im Glauben den Wahrheitsmacher und den Bürger der Heilswirksamkeit.

LITERATURHINWEISE

Baumann, H., Schöpfung und Urzeit des Menschen im Mythus der afrikanischen Völker, Berlin 1936 (photomech. Neudruck 1964).
Bertholet, A. (Hrsg.), Religionsgeschichtliches Lesebuch, Tübingen 1928.
Bonnet, H., Reallexikon der ägyptischen Religionsgeschichte, Berlin 1952.
Dammann, E., Die Religionen Afrikas, Stuttgart 1963.
Ebeling, E., Tod und Leben nach den Vorstellungen der Babylonier, Berlin/Leipzig 1931.
Edzard, D.-O., Die Mythologie der Sumerer und Akkader, in: Hausig, H.W. (Hrsg.), Wörterbuch der Mythologie I, 1., Stuttgart 1965.
Eliade, M., Das Heilige und das Profane (rororo 31), Hamburg 1957.
–, Die Religionen und das Heilige. Elemente der Religionsgeschichte, Salzburg 1954.
–, Der Mythos der ewigen Wiederkehr, Jena 1953.
Falkenstein, A., Sumerische und akkadische Hymnen und Gebete, Zürich 1953.
Fröbe-Kapteyn, O., Der Mensch und die mythische Welt (Eranos-Jahrbuch Bd. XVIII), Zürich 1950.
v. Glasenapp, H., Die fünf großen Religionen, I., Düsseldorf 1952.
Gonda, J., Die Religionen Indiens, I. Veda und älterer Hinduismus (Die Religionen der Menschheit, Bd. 11), Stuttgart 1960.
Greßmann, H., Altorientalische Texte zum AT, Berlin/Leipzig 1926.
Haekel, J., „Mythos und Mythologie", II. Religionsgeschichtlich, in: Die Religion in Geschichte und Gegenwart, Bd. IV, Tübingen ³1960, Sp. 1268–1274.
Heiler, F., Erscheinungsformen und Wesen der Religion, Stuttgart 1961.
Hönigswald, R., Vom erkenntnistheoretischen Gehalt alter Schöpfungserzählungen, Stuttgart 1957.
Holmberg, U., Siberian Mythology (The Mythology of all Races, vol. 4), New York 1964.
Hunger, H., Lexikon der griechischen und römischen Mythologie, Wien 1953.
Jockel, R., Götter und Dämonen, Darmstadt 1953.
Jünger, F. G., Griechische Mythen, Frankfurt ³1957.
Kaschnitz, M.-L., Griechische Mythen, Hamburg 1943.
Kasper, W., „Die Theologie angesichts des heutigen Atheismus", in: Gottesfrage und moderner Atheismus, Regensburg 1972.
Kerényi, K., Die Mythologie der Griechen. Die Götter- und Menschheitsgeschichte, Zürich 1951.
Kirchgässner, A., Die mächtigen Zeichen, Freiburg i. Br. 1959.
Klostermeier, K., Hinduismus, Köln 1965.
Kramer, S. N., Sumerian Mythology. A study of spiritual and literary in the third millenium B. C., Philadelphia 1944.

Laufer, C., „Die Erschaffung durch das Wort in der Südseemythologie", in: Kairos 1 (Salzburg 1961), S. 91–101.
Lot-Falk, E., „Die Mythologie der Sibirier", in: Mythen der Völker, Bd. III, Frankfurt 1967.
Mensching, G., Das heilige Wort. Eine religionphänomenologische Untersuchung, Bonn 1937.
–, Leben und Legende der Religionsstifter, Darmstadt o. J.
Morant, P., Die Anfänge der Menschheit, Luzern 1960.
Morenz, S., Ägyptische Religion (Die Religionen der Menschheit, Bd. 8), Stuttgart 1960.
Müller, W., „Die Religion der Indianervölker Nordamerikas", in: Die Religionen des Alten Amerikas (Die Religionen der Menschheit, Bd. 7), Stuttgart 1961, S. 171–267.
Nyberg, H. S., Die Religionen des alten Irans, Leipzig 1938.
Oppenheim, L., Text des Enuma Elisch, in: Orientalia XVI, 1947.
Ott. H., „Entmythologisierung", in: Die Religion in Geschichte und Gegenwart, Bd. II, Tübingen [3]1958, Sp. 496–499.
Otto, W. F., Gesetz, Urbild und Mythos, Stuttgart 1951.
Paulson, I., „Die Religionen der nordasiatischen (sibirischen) Völker", in: Die Religionen Nordeurasiens und der amerikanischen Arktis (Religionen der Menschheit, Bd. 3), Stuttgart 1962, S. 26–63.
Puech, H. C., „La gnose et le temps", in: Eranos-Jahrbuch XX, 1952, S. 57–114.
Quellen des alten Orients, Die Schöpfungsmythen, Bd. I, Einsiedeln/Zürich/Köln 1964.
v. Ranke-Graves, R., Griechische Mythologie. Quellen und Deutung, Reinbek 1960.
Roeder, G., Die ägyptische Götterwelt, Zürich/Stuttgart 1959.
–, Mythen und Legenden um ägyptische Gottheiten und Pharaonen, Zürich/Stuttgart 1960.
de la Saussaye, C., Lehrbuch der Religionsgeschichte, Bd. I, Tübingen [4]1925.
Schebesta, P., Die Negrito Asiens, 1. und 2. Halbbd., Wien 1954/57.
Schmidt, W., Ursprung der Gottesidee, Bd. IV u. XII, Münster 1933/1955.
Schmidtke, F., „Die Urgeschichte der Welt im sumerischen Mythus", in: Alttestamentliche Studien (Friedrich Nötscher zum 60. Geburtstag), Bonn 1950, S. 205–223.
Seeliger, K., „Weltschöpfung", in: Ausführliches Lexikon der griechischen und römischen Mythologie, Bd. VI, Leipzig/Berlin 1937, Sp. 430–505.
Sloek, J., „Mythos", in: Die Religion in Geschichte und Gegenwart IV, Tübingen [3]1960, Sp. 1264.
Thureau-Dangis, F., Rituels accadiens, Paris 1921.
Trilles, P. H., Les Pygmées de la grande Sylve Ouest-équatoriale, Paris/Münster 1932.
de Vries, J., Forschungsgeschichte der Mythologie, Freiburg/Münster 1961.
Widengren, G., Die Religionen Irans (Religionen der Menscheit, Bd. 14), Stuttgart 1965.
– Iranische Geisteswelt, Baden-Baden 1961.
Wundt, W., Völkerpsychologie, Bd. V, Leipzig [2]1914.